ReliBausteine 2

Michael Landgraf

Reformation

Angst überwinden – Aufbruch wagen

2. aktualisierte Auflage

Calwer – EPV – RPE
Speyer und Stuttgart 2008

ReliBausteine 2 – Reformation

ISBN 978-3-7668-4048-6 (Calwer)

ISBN 978-3-939512-05-9 (epv)

ISBN 978-3-938356-23-4 (RPE)

2. aktualisierte Auflage

Satz: Evangelischer Presseverlag Pfalz GmbH, Speyer
Umschlaggestaltung: Karin Sauerbier, Stuttgart
Druck und Verarbeitung: Progressdruck GmbH, Speyer
Internet: www.calwer.com
www.presseverlag-pfalz.de
E-Mail: info@calwer.com
verlag@evpfalz.de

Inhaltsübersicht ReliBausteine Reformation

Vorbemerkungen

„Reformation ist in!“, schrieb ein Schüler der achten Klasse bei der Frage: „Was ist in – was ist out.“ Als Grund nannte er im Klassengespräch: „Mir geht der Rummel um Halloween auf den Keks. Am 31. 10. war doch Reformation. Wir haben uns in der Jugendgruppe Gedanken darüber gemacht und gemerkt, dass das mit dem Luther viel spannender ist, als Geister zu spielen.“

Unter dem Motto „Hallo Luther, statt Halloween“ begann ein neues Nachdenken über den Reformationstag. Überhaupt ist in den letzten Jahren ein gesteigertes Interesse an der Reformation und an Martin Luther zu spüren. Im Jahr 2000 überraschte eine Befragung unter Journalisten weltweit, dass unter den bedeutendsten Personen der letzten 1000 Jahre Martin Luther Platz drei belegte. Auch bei der ZDF-Aktion „Deutschlands Beste“ im Jahr 2003 belegte er bei einer Telefonumfrage mit Millionenbeteiligung Platz zwei.

Was heute noch viele an Martin Luther und den Reformatoren fasziniert, ist der Mut: Der Mut zum Aufbruch, der Mut, Obrigkeit und Kirche entgegenzutreten und für die Freiheit des Glaubens einzustehen. In diesem Moment waren Luther und die Reformatoren allein ihrem Gewissen und der Heiligen Schrift verpflichtet. Doch hat das „heldische“ Bild Luthers früherer Jahre eine wichtige Korrektur erfahren. Der Reformator war Kind seiner Zeit, aufgewachsen in einer klaren hierarchischen Ordnung und gefangen in Ängsten vor Hölle und Fegefeuer. Sein Weg, vom demütigen Mönch über sein Turmerlebnis bis hin zum offenen Bruch mit der verfassten Kirche, war außergewöhnlich. Luther konnte nicht unbedingt damit rechnen, dass sein Landesvater Friedrich der Weise ihn so zu schützen vermochte, dass der Einfluss von Papst und Kaiser nicht bis Wittenberg reichte. Ansonsten wäre Luther vielleicht nur eine Episode der Geschichte geblieben, ein weiteres Opfer einer reformunwilligen, machtorientierten Kirche der Zeit.

Fakt ist: Martin Luther hat alle Anfeindungen überstanden. Er konnte mithilfe der Buchdruckerkunst und seiner Überzeugungskraft Freunde gewinnen. Anhänger seiner Lehre, ob Theologen, Ratsherren, Fürsten oder das einfache Volk, verbreiteten die Ideen der Reformation. Damit lösten sie in wenigen Jahren eine Bewegung aus, der heute in Deutschland die Hälfte der Christen angehören und die weltweit eine große Bedeutung hat.

Diese Geschichte der Reformation ist ein interessanter und spannender Stoff – auch für Hollywood. Im Jahr 2003 hat sich die Filmfabrik wieder des Themas angenommen, das schon 1913 für die Leinwand entdeckt wurde. Der Film „Luther“ von Eric Till hinterließ einen großen Eindruck und zieht immer noch ein Millionenpublikum, darunter viele Jugendliche, in seinen Bann. Er ist auch zum festen Bestandteil des Religionsunterrichts und der kirchlichen Bildungsarbeit geworden. Der Film erzeugt ein eher unübliches Bild – der derbe, grobschlächtige Luther der Tischreden kommt weniger zum Vorschein. Der Blick beschränkt sich auf die Gestalt Luthers als eines sensiblen Menschen, der den Weg aus der eigenen Not suchte und dabei die Seelennöte der Menschen erkannte. Für den Zuschauer steht der Weg aus der eigenen Gefangenschaft in der Angst im Mittelpunkt. Die Entdeckung von Gottes Gerechtigkeit und Liebe in der Bibel wird so ein Akt der Befreiung. Gerade Luthers Sorge um andere führt ihn schließlich dazu, laut und offen gegen offensichtliche Missstände und Irreführungen der mittelalterlichen Kirche vorzugehen.

Die Aktualität des Themas liegt allerdings auch an anderer Stelle. „Ecclesia semper reformanda" – die Reformation der Kirche ist nie abgeschlossen. Dies war die Grunderkenntnis der Reformatoren, und sie hat nichts an ihrer Wertigkeit verloren. Immer wieder wird der Ruf nach einer Reform von Kirche laut – ob beim „Kirchenvolksbegehren" auf katholischer Seite oder vonseiten mancher Christen aus dem protestantischen Milieu, denen es in der evangelischen Kirche zu liberal oder zu konservativ zugeht. Beides sind Positionen, die beispielhaft zeigen, dass eine verfasste Kirche immer mit dem Ruf nach Veränderung oder Erneuerung rechnen muss. Es gibt stets Menschen, die einen bestimmten Kurs nicht mitmachen und, sowohl aus innerster Überzeugung als auch aufgrund ihres Bibelverständnisses und ihres Gewissens, andere Wege gehen werden.

Reformation – das bedeutet in erster Linie Erneuerung. Doch hat diese nichts mit einem reinen Fortschrittsglauben zu tun. Die Rückbindung der Erneuerung an die biblische Tradition ist für die Reformation der entscheidende Schlüssel. Diese besagt: Nicht wir machen alles neu – Gott wird alles neu machen. Die Reformation möchte den Blick schärfen für die Wiederentdeckung des Gotteswillens, der den Blick für die Zukunft öffnet. Dabei gibt die Rückbesinnung auf die Bibel auch ethische Impulse, die zur Gestaltung der Welt ermutigen.

Bei dem Thema „Reformation" im Unterricht muss mitbedacht werden, dass besonders Jugendliche historische Themen nicht gerade als spannend empfinden. So ist ein Zugang zur aktuellen Diskussion um die Reformation die konfessionelle Verschiedenheit der Menschen. Von der Sache her ist der Anknüpfungspunkt das Lebensgefühl der Menschen damals. So spielt gerade beim Zugang zum Thema „Reformation" die Situation von Angst und Protest gegen Missstände eine wesentliche Rolle. Dabei muss auch auf die Frage nach Gott eingegangen werden, da die neue Gottesbeziehung ein wesentlicher Bestandteil von Luthers Entdeckung ist.

Die vorliegenden Unterrichtsbausteine zur „Reformation" bieten im Kern Materialien, die das Reformationsgeschehen begreifbar machen. Es soll nicht auf eine Einheit zu Martin Luther begrenzt werden, auch wenn der Reformator eine zentrale Rolle spielt. Daher werden Eigenheiten des Reformators oder für die Reformation unwesentliche biografische Elemente ausgeklammert. Schwerpunkte bilden das Umfeld, die Voraussetzung und der Fortgang der Reformation. Dabei spielt die Gesellschaft und Lebenswelt der Menschen eine wesentliche Rolle. Besonders der Bezug zur Lebenswelt der Menschen damals lässt Jugendlichen den Sprung über den Graben der Geschichte leichter werden.

Allerdings ist es notwendig, die Verknüpfung der Entdeckungen zur eigenen Existenz immer vor Augen zu haben. Schülerinnen und Schüler müssen sich darüber klar werden, was die Reformation, was ihr Anliegen, aber auch ihr Ergebnis mit ihnen selbst zu tun hat. Im Grunde heißt dies: Am Ende muss deutlich werden, was es heißt, wenn sich einer „evangelisch" oder „protestantisch" nennt. Dabei ist es sinnvoll, über die Schwierigkeit zu reflektieren, eigene Wege zu gehen. Diese eigenen Wege können verortet werden in Positionsfindungen – im Blick auf Regeln oder auch zu aktuellen Problemen in der Welt. Dabei darf auch, im Sinne des „ecclesia semper reformanda", die eigene Institution von Kirche hinterfragt werden. Hier liegt wohl auch ein wesentlicher Schlüssel des Reformationsgeschehens, wie Walter Jens zusammenfasst: „Wir haben den Glauben an die Autorität durch die Autorität des Glaubens ersetzt."

Reformation heißt mehr als die Betrachtung des Zustands der eigenen Kirche. Schließlich geht es um die Überwindung von Ängsten und den Aufbruch in ein neues Verhältnis zu Gott durch den eigenen Glauben. Der verstorbene Bundespräsident Johannes Rau antwortete auf die Frage, was ihn an Luther und der Reformation so beeindruckt, dass es besonders seine neue Sicht der Welt sei: Es ist die Entdeckung, dass man alleine, als ein Individuum, vor Gott steht und keinen braucht, der hier vermittelt. Und dieser Gott zeigt sich als einer, der sich jedem Menschen zuwendet und für ihn einsteht.

Für ihre Hilfe bei der Entstehung des vorliegenden Buches sei besonders Mechthild Böhmer für ihre kritische Lektüre, Dr. Gabriele Stüber und Dr. Traudel Himmighöfer gedankt. Den Verlagen Calwer, Evangelischer Presseverlag und RPE danke ich für die Fortführung der Reihe ReliBausteine.

Michael Landgraf, Neustadt 2008

Reformation

Angst überwinden – Aufbruch wagen

Bausteine

Didaktisch-methodische Vorüberlegungen

Jugendliche haben erfahrungsgemäß an historischen Themen wie „Reformation“ oder dogmatischen wie „Rechtfertigung“ eher geringes Interesse, da sie zunächst keine Verbindung zu ihrer eigenen Lebenswelt herstellen können. Die Person Martin Luther dürfte zwar bekannt sein, doch wie lässt sich zwischen Luthers Erfahrungen und Intentionen und denen der Schülerinnen und Schüler eine Brücke schlagen?

Die Grunderfahrungen des Aufbruchs, der meist auch mit Protest verbunden ist, und der Angst sind Anknüpfungspunkte des vorliegenden Buches. Diese Erfahrungen gehören zur Lebenswelt der Jugendlichen und können Verbindungen zum Lebensgefühl der Reformatoren herstellen. Doch die Ängste damals und heute sind verschieden: Jugendliche heute erwarten kaum, am Ende ihres Lebens vor einem endzeitlichen Gericht zu stehen. Wohl aber verbindet sie die Angst vor Krankheit und Tod mit der Erfahrungswelt Luthers. Nur zu gut kennen sie das Problem Leistungsdruck: Gute Noten, sportliche Leistungen und ähnliches verschaffen Anerkennung. Das Dasein wird durch Leistung gerechtfertigt, mit „Verlierern“ will man kaum etwas zu tun haben. In der Welt der Erwachsenen setzt sich dieser Druck fort, denn nur der Erfolgreiche kann sich etwas leisten. Doch die Angst bleibt – was geschieht mir, wenn ich es nicht schaffe?

Wie kein anderer hat Heiko A. Oberman uns den „fremden“ Luther, „Mensch zwischen Gott und Teufel“, nahe gebracht als einen Menschen, der wie seine spätmittelalterlichen Zeitgenossen konkrete Vorstellungen von Teufel und Hexen hatte. Luther war ein Mensch voller Ängste. Die Anteile des Zeitgeistes daran und die der persönlichen Erfahrungen von Todesnähe müssen zusammen gesehen werden. Luther erwartete durch seinen Eintritt ins Kloster eine positive Antwort auf die Frage, ob er vor dem Jüngsten Gericht Gottes bestehen könne.

Die Gewissensqualen hat Luther im Kloster nicht verloren. Obwohl er als Mönch untadelig lebte, fühlte er sich vor Gott als Sünder. Seine Frage nach dem gnädigen Gott fand schließlich eine Antwort: „Der Gerechte wird aus Glauben leben“ (Röm 1,17), das ist der Inhalt des Evangeliums. Die Lektüre dieses Textes preist Luther später (1545) im Rückblick auf seine reformatorische Erkenntnis als Pforte zum Paradies. Die Lutherforschung ist uneins in der Frage der Datierung: Ob 1511/13, ob eher 1514, 1518 oder gar 1520 – die Deutung der „Gerechtigkeit Gottes“ im Kontext von Röm 1, 17 prägt die Wende seines Denkens. Luther deutet *iustitia dei* als Gerechtigkeit, mit der der barmherzige Gott den Sünder durch den Glauben rechtfertigt. Die Scholastik des Mittelalters ging davon aus, dass der Mensch mit seinen natürlichen Kräften die Gebote Gottes erfüllen könne. Luther dagegen gewann von seiner radikalen Auffassung der Sünde her eine neue Anthropologie – Sünde verstanden als „Selbstliebe“ des Menschen. Für ihn ist der Mensch ein in sich selbst Verkrümmter („homo incurvatus in se“) und somit von sich aus unfähig zu Gebotsgehorsam und Gottesliebe. Rechtfertigung ist so etwas wie eine beginnende „Genesung“ des Menschen, deren Vollendung erst am Ende vollzogen ist. Der Glaubende bleibt allerdings *simul iustus et peccator*, Gerechter und Sünder zugleich. Es wurde mit einem gewissen Recht von katholischer Seite behauptet, dass die eigentliche reformatorische Entdeckung Luthers keineswegs so neu sei. Seit der Unterzeichnung der „Gemeinsamen Erklärung“ der evangelisch-lutherischen Kirchen und der römisch-katholischen Kirche zur zentralen Bedeutung der Rechtfertigung (Augsburg 1999) ist es um diese Auseinandersetzungen still geworden.

Auch in der Religionspädagogik wird über den Begriff der Rechtfertigung neu nachgedacht. Klaus Wegenast denkt von den Schü lerinnen und Schülern her, will Rechtfertigung nicht als „religiöse Sonderwirklichkeit, sondern (als) Sache aller Wirklichkeit" aufzeigen (Wegenast, S. 377f.). Anknüpfungspunkt sind die Ängste der Menschen, den Anforderungen der Gesellschaft nicht gerecht zu werden. Er versteht in diesem Kontext christliche Rechtfertigung als „unbedingtes Angenommensein", Zuspruch von Gerechtigkeit inmitten von Ungerechtigkeit, Vermittlung des verloren gegangenen Urvertrauens, dem auf der Seite des Empfangenden die „Annahme des eigenen So-Seins" entspricht. Doch ist das nicht „billige Gnade"? So fordert auch die Religionspädagogin Ingrid Schoberth, es müsse auch benannt werden, was Schülerinnen und Schüler erleben und was ihre Zukunft bedroht: „Lüge, Egozentrik, Beziehungslosigkeit und Gleichgültigkeit" (Schoberth, S. 53ff.). Sie selbst verbindet die Rechtfertigungsbotschaft mit der „Sehnsucht der Schüler" und versteht sie als „Einspruch gegen das Glück der Gleichgültigen und das Gleichgültigwerden des Glücks". Auf diese Weise können der Anknüpfungspunkt und der Zugang für das Thema Reformation und besonders für die Frage nach der reformatorischen Entdeckung auf der Ebene der Erfahrung von Angst liegen, wobei versucht wird, gleiche menschliche Grunderfahrungen in einer völlig unterschiedlichen Lebenssituation sichtbar zu machen und somit ein Lebensgefühl erahnen zu lassen, das zu Veränderung führt. Daneben bieten die Gottesfrage, die Thematik der Freiheit, aktuelle Meldungen oder das Kirchenjahr (Reformationstag) Anknüpfungspunkte, die den Zugang ermöglichen (siehe „Zugänge").

Obwohl Luther nicht im Zentrum der „Reli-Bausteine" stehen soll, ist es hilfreich, sich bei der Erarbeitung der Thematik an seiner Biografie zu orientieren, um den Schülerinnen und Schülern eine Identifikationshilfe zu bieten. Dabei ist darauf zu achten, dass das Thema nicht allein als kirchengeschichtliches Sachthema abgehandelt wird, sondern dass die Fragehaltung der Jugendlichen im Blick bleibt und dass aktuelle Fragen eingebunden werden. Insbesondere wird die Zusammenarbeit mit dem Fach Geschichte empfohlen, um historische Zusammenhänge zu klären.

Eine hilfreiche Erfahrung kann sein, die Reformationsgeschichte der eigenen Region zu erkunden. Dies gelingt über historische Vereine vor Ort, über Dorfchroniken oder über eine schon aufgearbeitete Geschichte eines Kirchengebäudes. Helfen können dabei regionale Kirchengeschichtsvereine oder auch die Archive der Landeskirchen, die Quellen zur Geschichte der protestantischen Kirchengemeinden bieten und somit die Jugendliche selbst zu Forschenden werden lassen. (Kontakt zu den landeskirchlichen Archiven vermittelt das Zentralarchiv des protestantischen Landeskirchenrates in Speyer, Dr. Gabriele Stüber, Domplatz 6, 67346 Speyer, archiv@evkirchepfalz.de, Telefon: 06232/667182).

Orientierungspunkt am Ende ist die Auseinandersetzung mit dem, was die Reformation ausgelöst hat. Hier geht es um die „protestantische" Haltung, die impliziert, dass man für etwas einsteht, dass man auch eigene Wege gehen muss, sein Gewissen und die Bibel befragt und mit Ängsten umzugehen lernt. Die Auseinandersetzung mit Menschen, die als „protestantische Persönlichkeiten" angesehen sind, kann dabei hilfreich sein. Auch die Gottesfrage – vielleicht als Anschlussthema – spielt hierbei eine Rolle. Schließlich muss allerdings auch deutlich werden, dass die Reformation nie zu Ende ist. Dies gilt besonders auch für die „protestantische Baustelle" – gerade im Blick auf die Kirche zeigt sich, dass vieles in Bewegung bleiben muss, damit man Gottes Willen gerecht wird.

Zielgruppen der Materialien sind

- **Schülerinnen und Schüler der Orientierungs- und Sekundarstufe** sowie
- **der berufsbildenden Schulen**
- **Erwachsenenbildung** oder **Religionsunterricht für Erwachsene**, da gerade Menschen angesprochen werden, die über sich, Gott und die Welt reflektieren wollen.

Die Zielbeschreibung und die thematische Zuordnung im nachfolgenden Überblick über die Materialien sollen eine schnelle Einordnung gewährleisten. Eine breite Materialpalette macht Differenzierung möglich. Dem Unterrichtenden obliegt es, welchen Schwierigkeitsgrad er seiner Gruppe zumutet.

Zeichenerklärung: 🔔 = leicht 🔔🔔🔔 = schwer

Zielbestimmung der ReliBausteine „Reformation“

1. Gesamtziel und Grobqualifikation

Die Schülerinnen und Schüler sollen
wesentliche Anliegen und Hintergründe
der Reformation und des Protestantismus kennen lernen.
Sie sollen deren Rolle
bei der Überwindung von Ängsten,
bei der Entwicklung von Glaubens- und Gewissensfreiheit,
bei der Neuentdeckung der Bibel als offenbartem Gotteswillen
und bei der Mitverantwortung in der Kirche erschließen.

2. Zielsetzungen und Qualifikationen in den Schwerpunkten

Lernschwerpunkt	Intention	Qualifikation
I. Zugänge	öffnen und wahrnehmen o den Hintergrund des Reformationstags reflektieren o den Ursprung der Konfessionen vergegenwärtigen o sich bewusst machen, dass Ängste Auswirkung auf das Lebensgefühl haben	o Reflexionsfähigkeit und Wahrnehmungsfähigkeit im Blick auf religiöse Traditionen o Sensibilität für Ängste und deren Folgen entwickeln
II. Entdeckungen	kennen und sich auseinander setzen o sich mit dem Lebensgefühl und Ängsten der Menschen vor 500 Jahren auseinander setzen o die Reformation als Kampf gegen Ängste, als Wiederentdeckung des biblischen Gottesbildes kennen und sich der Bedeutung des Gewissens und der Bibel bei den Reformatoren und deren Anhängern bewusst werden o kritische Auseinandersetzung mit den Folgen der Reformation	o Fähigkeit zur Wahrnehmung des Lebensgefühls von Menschen zu anderen Zeiten o Fähigkeit zur historischen Einordnung des Reformationsgeschehens o Urteilsfähigkeit im Blick auf die dunklen Seiten der Kirchengeschichte
III. Wege der Orientierung	reflektieren von Orientierungspunkten und Handlungsperspektiven o Aktualität und Formen von Protest reflektieren o sich die Bedeutung von Vorbildern im Blick auf das eigene Leben bewusst machen o Erneuerungsmöglichkeiten in der Auseinandersetzung mit Formen von Kirche und Gesellschaft entdecken	o Fähigkeit zur Auseinandersetzung mit Formen des Protests o Reflexionsfähigkeit im Blick auf das eigene Gottesbild o Fähigkeit zur Auseinandersetzung mit Vorbildern o Bewusstsein eigener Möglichkeiten bei der Veränderung von Kirche und Gesellschaft

Reformation

Grundinformationen und Zeitleiste

Vorreformatoren

Der Leitspruch der Reformation „ecclesia semper reformanda“ – eine Kirche ist immer reformbedürftig – wurde nicht erst im 16. Jahrhundert entwickelt. Jesus selbst gibt durch seine Kritik und seine Auseinandersetzung mit jüdischen Strömungen seiner Zeit Impulse, dass religiöse Traditionen in ihrer Zeit durch den überlieferten Gotteswillen hinterfragt werden. Damit greift er das Reformbedürfnis auf, dem zuvor schon im Alten Testament die Propheten Ausdruck gegeben haben. Die Auseinandersetzung mit den Grundlagen der göttlichen Offenbarung spielt dabei eine wesentliche Rolle. Diese ist immer verbunden mit der Frage: „Wie kommt Gottes Wille unter uns Menschen zum Tragen?“

Reformbewegungen im Mittelalter greifn diese Grundfrage auf. Leitfrage in dieser Zeit ist: „Wie soll sich die mächtig gewordene Kirche gegenüber Geld und Besitz verhalten?“ Insbesondere die Armutsbewegung des 10.–12. Jahrhunderts löst die erste heftige Reaktion der kirchlichen Institutionen und staatlicher Gewalt aus. Die Katharer sind die erste Bewegung, die als „Ketzer“, als Feinde des religiösen Systems der römischen Kirche, verfolgt werden. Schon damals wird das Miteinander von staatlicher und kirchlicher Gewalt in diesen Fragen deutlich: Wer die kirchliche Ordnung infrage stellt, gilt auch als gefährlich für die staatliche Macht. So endet die Inquisition immer mit einer Verurteilung durch die staatliche Gerichtsbarkeit.

Ähnlich wie den Katharern ergeht es den Waldensern und Einzelgestalten wie Wyclif, Savonarola und Hus. Besonders den Fall des auf dem Konzil in Konstanz verbrannten Johannes Hus hat Luther vor Augen. Immer wieder betont Luther später, dass auch ein Einzelner gegenüber einem ganzen Konzil vor Gott im Recht sein kann. Und es ist das Schicksal des Johannes Hus, das den Freunden Luthers vor Augen steht, als sie ihn von der Fahrt zum Wormser Reichstag 1521 abhalten wollen. Auch Hus hat seinerzeit freies Geleit zugesagt bekommen.

Stimmung zur Zeit der Reformation

Die Zeit ist reif für eine grundlegende Reform der Kirche. Sowohl im Bürgertum als auch im Adel werden Anfang des 16. Jahrhunderts „Gravamina“ formuliert – „Bedenken“ gegen den Zustand der Kirche. Auch in kirchlichen Kreisen werden diese Einwände aufgenommen und besonders von den Humanisten thematisiert. Dazu kommt, dass die Zentralmacht des Kaisers immer mehr an Bedeutung verliert. So sind die wirtschaftlichen Machthaber die freien Reichsstädte und ihr reicher werdendes Bürgertum, während die politische Macht immer stärker den Kurfürsten zufällt. Zudem lässt die Situation der Menschen, der Kirche und der Gesellschaft allgemein eine Veränderung erwarten:

Situation der Menschen	Kirchliche Situation	Gesellschaftliche Situation
Unsicherheit und Angst Gegenwart des Todes Sehnsucht nach Rettung Aufbruchstimmung bei Gelehrten durch neues Weltbild (Humanismus)	Hoher Anteil von Geistlichen (Mainz: von 6000 Einwohnern 500 Geistliche) Ablasshandel, Wallfahrten, Heiligen- und Reliquienverehrung gewinnen an Bedeutung Gläubige verlieren das Vertrauen	Verarmung der Bauern Aufbruchstimmung durch o Erfindungen (Buchdruck) o Technische Neuerungen Neues Weltbild durch Entdeckungen und Astronomie Unzufriedenheit mit der Kirche bei Adel und Bürgertum (Gravamina).

Martin Luther und die Reformation

Martin Luther (1483–1546) wird **1505** auf dem Weg nach Erfurt während eines Gewitters fast von einem Blitz erschlagen. Aus Furcht gelobt er, Mönch zu werden. Das Erfurter Augustinerkloster nimmt ihn als Novizen auf. **1506** wird Luther zum Priester geweiht. Am 2. Mai liest er seine erste Messe (Primiz). Der Generalvikar des Ordens und Seelsorger Luthers, Johann von Staupitz, rät ihm zum Studium der Theologie. **1508** legt Luther sein endgültiges Mönchsgelübde ab. In dieser Zeit erlebte er starke innere Glaubenskämpfe. Im Wintersemester 1508/1509 hält Luther auf Vermittlung von Staupitz an der Universität zu Wittenberg vertretungsweise die Vorlesungen über Moralphilosophie. **1510** schickt Staupitz Martin Luther gemeinsam mit einem Ordensbruder nach Rom, um dort über Angelegenheiten des Augustinerordens zu verhandeln. Er macht Erfahrung mit der Geldwirtschaft der römischen Kirche. **1511** wird Martin Luther ins Kloster von Wittenberg versetzt. Er übernimmt an der dortigen Universität den Lehrstuhl für Theologie, den bisher Staupitz innehatte. **1512** promoviert Martin Luther zum Doktor der Theologie.

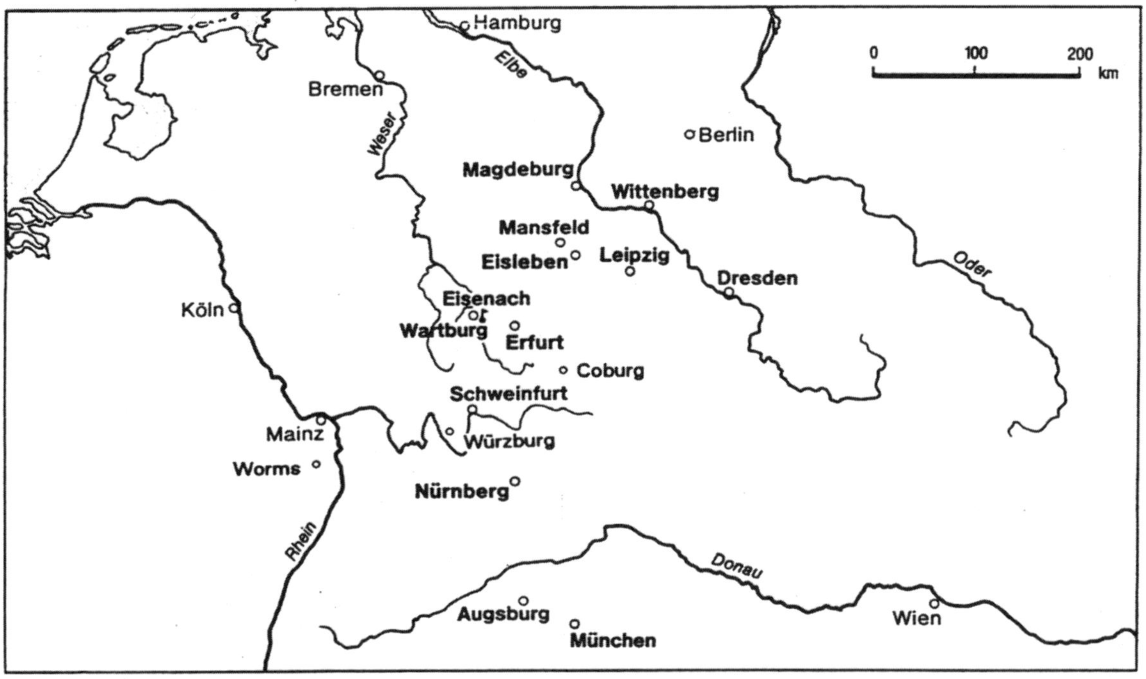

1513–1517: In der Erinnerung schildert Martin Luther später die reformatorische Entdeckung im Turm des Schwarzen Klosters zu Wittenberg und datiert sie auf das Jahr **1513.** Die neue Erkenntnis: Bei der Suche nach der Gerechtigkeit Gottes sei ihm in Auseinandersetzung mit Röm 1, 17 aufgegangen, dass allein der Glaube genügt, um vor Gott als gerecht dazustehen. Allein die Heilige Schrift offenbart uns, dass allein Gottes Gnade genügt. Und allein durch Jesus Christus wird diese Gnade uns offenbar. Damit ändert sich auch das Bild von Gott: Er ist nicht ein strenger Richter, sondern wie ein liebender Vater. Die Datierung der reformatorischen Entdeckung wird historisch allerdings für den Zeitraum zwischen **1513** und **1518** angesetzt.

1517: Mit Luthers Thesenanschlag und einem Schreiben an Erzbischof Albrecht von Mainz beginnt die Reformation. Luther prangert die Ablasspredigten des Johann Tetzel an. Seinen Briefen legt er 95 Thesen bei, die sich gegen den Ablasshandel wenden. Umstritten ist, ob die Thesen auch an der Wittenberger Schlosskirche angeschlagen wurden. Jedenfalls finden sie über Flugschriften schnelle Verbreitung und unerwartet starke Resonanz. **1518** erklärt Luther in einer auf Deutsch verfassten, leicht verständlichen Schrift seine Thesen, die ursprünglich eher für die wissenschaftliche Diskussion gedacht waren. Damit wächst beim einfachen Volk Luthers Popularität. Flugschriften und Lieder verbreiten seine Theologie im Volk. Am 7. August wird Luther nach Rom befohlen, da der Vatikan die Thesen für ketzerisch hält. Luther folgt der Aufforderung nicht. Daraufhin zitiert ihn der päpstliche Abgesandte Cajetan zu einer Unterredung nach Augs burg. Dort verweigert Luther den geforderten Widerruf seiner Thesen. Staupitz entlässt Luther aus seiner Gehorsamspflicht gegenüber dem Augustiner-Orden, um ihn vor der Inquisition zu schützen. Luther trägt weiterhin die Mönchskutte. Er flüchtet von Augsburg nach Wittenberg, Cajetan verlangt Luthers Auslieferung. Im Dezember lehnt es Kurfürst Friedrich der Weise von Sachsen gegenüber Papst Leo X. ab, Martin Luther der kirchlichen Gerichtsbarkeit in Rom zu überstellen. Während eines Disputes bestreitet **1519** Luther die Unfehlbarkeit des Papstes. In jenem Jahr wird Karl V. zum Kaiser des Heiligen Römischen Reiches gewählt. Der Papst erlässt schließlich **1520** die Bulle „Exsurge Domine" mit der Androhung des Bannes gegen Luther. Im Oktober werden in einigen deutschen Städten die Schriften Luthers auf den Scheiterhaufen geworfen. Luther verbrennt daraufhin zwei Monate später in Wittenberg öffentlich die päpstliche Bannandrohung. **1521** wird über Luther endgültig der Bann verhängt. Der päpstliche Gesandte Aleander fordert vom Kaiser den Vollzug der Verurteilung.

Reformationsbewegung ab 1521

Im März **1521** wird Luther vor den Reichstag in Worms geladen. Am 17. und 18. April verteidigt Luther seine Schriften und Ideen vor dem Reichstag. Den geforderten Widerruf leistet er nicht. Zwar kann Luther am 26. April unter kaiserlichem Geleit Worms verlassen, kurz darauf werden jedoch durch das Wormser Edikt seine Lehren verboten und die Reichsacht über ihn verhängt. Von seinem Landesvater Friedrich dem Weisen wird er auf der Wartburg versteckt. Im Dezember beginnt er dort die Übersetzung des Neuen Testaments, die er in elf Wochen fertig stellt. Im September **1522** erscheint, ohne Nennung des Übersetzers, „Das Neue Testament Deutsch".

1522/23 beginnt die Schweizer Reformation durch Huldreich Zwingli (1484–1531), die sich auch nach Süddeutschland ausbreitet. Luther und Zwingli können sich, trotz mehrerer Gespräche, nicht einigen. Streitpunkt ist besonders die Abendmahlsfrage. Aber auch in der Frage des Umgangs mit Bildern und liturgischen Traditionen unterscheiden sich die theologischen Positionen.

Ab **1523** breitet sich der Reformationsgedanke aus. Nonnen und Mönche treten aus ihren Klöstern aus. In Brüssel wird ein Anhänger Luthers verbrannt. **1524** beginnen Bauernaufstände. **1525** haben sich die Bauernaufstände zum Bauernkrieg ausgeweitet. Im Juni werden die Aufstände blutig niedergeworfen. Hier zeigt sich, dass ein Teil der Reformatoren, allen voran Thomas Müntzer (1490–1525), besonders durch soziale Forderungen, radikaler als Luther die Reformation durchsetzen wollen. Es entsteht ein „linker Flügel" der Reformation, der auch von den lutherischen Fürsten bekämpft wird. In dieser Zeit legt Luther endgültig die Mönchsrobe ab. Luther heiratet die ehemalige Zisterzienser-Nonne Katharina von Bora. Sein Landesvater Friedrich der Weise stirbt. **1526** erscheint in Landau/Pfalz der erste deutsche Katechismus für die Jugend, das so genannte „Gesprächsbüchlein". Das Schulwesen wird in den nächsten Jahren im protestantischen Umfeld verstärkt aufgebaut. Maßgeblich verantwortlich war hierfür der aus der Kurpfalz stammende Theologe und Professor der Universität Wittenberg, Philipp Melanchthon (1497–1560).

Angesichts des Vormarsches türkischer Truppen beschließt der erste Reichstag zu Speyer **1526**, die Entscheidung über Konfessionsfragen in die Hände der jeweiligen Landesherren zu legen. Als die evangelisch gesinnten Teilnehmer auf dem zweiten Reichstag im Frühjahr **1529** gegen die Aufhebung dieses Beschlusses protestieren, entsteht die Bezeichnung „Protestanten". Im selben Jahr veröffentlicht Luther den Kleinen und Großen Katechismus und schreibt das Lied „Ein feste Burg ist unser Gott".

1530: Auf dem Augsburger Reichstag vertritt Melanchthon die Ideen der Reformation. Am 25. Juni verliest Melanchthon ein erstes öffentliches Bekenntnis zum Protestantismus, das „Augsburger Bekenntnis" (Confessio Augustana). Wie in Speyer gibt es auch hier keine Einigung. Daher wird 1531 ein Militärbündnis der Evangelischen geschlossen, der „Schmalkaldische Bund". Der Nürnberger Religionsfriede ermöglicht ab 1532 die Ausbreitung des Protestantismus. **1534** veröffentlicht Luther seine erste Gesamtübersetzung der Bibel, nachdem Huldreich Zwingli schon 1531 seine Bibelübersetzung herausgebracht hatte.

1541 findet in Genf die Reformation durch Johannes Calvin (1509–1564) statt. Seine strenge Gemeindeordnung und Erwählungslehre (Gott erwählt die Menschen zum Guten und zum Schlechten) breitet sich als „Calvinismus" über Holland nach Nordamerika und Australien aus. Das erste deutsche Territorium, das „calvinistisch" wird, ist die Kurpfalz im Jahr 1563. Hier entsteht eine der wichtigsten Schriften der reformierten Kirche, der „Heidelberger Katechismus".

1544: In Torgau wird die erste neu gebaute protestantische Kirche eingeweiht. Evangelischer Gottesdienst wurde schon seit 1521 in Wittenberg gefeiert. Am 18. Februar **1546** stirbt Martin Luther in Eisleben. Er wird am 22. Februar in Wittenberg beigesetzt. Nach seinem Tod kommt es zum Krieg zwischen den evangelischen und katholischen Militärbündnissen mit einer Niederlage der Protestanten.

Die Folgezeit

1555 bildet der Augsburger Religionsfriede das vorläufige Ende der Reformation. Der status quo soll festgehalten werden. Es gilt die Regel: „Wessen Gebiet – dessen die Religion" („cuius regio – eius religio"). Das bedeutet, dass nicht mehr das Gewissen des Einzelnen, sondern der Landesherr über die Konfession seiner Untertanen bestimmt.

1618–48: Der Dreißigjährige Krieg verwüstet ganz Deutschland. Der Protestantismus in Deutschland wäre durch die „Katholische Liga" beinahe ausgelöscht worden. Erst das Eingreifen des Schwedenkönigs Gustav II. Adolf rettet 1631 die Protestanten. Allerdings führt das militärische Patt zum Westfälischen Frieden von 1648, in dem die Konfessionsgrenzen nach dem derzeitigen Stand aufgeteilt wurden. Es bleibt bei den Bestimmungen von 1555.

17. und 18. Jahrhundert

In diesen Jahren setzt eine Welle der Gegenreformation ein, die dazu führt, dass unzählige Menschen nach Amerika, Russland oder Siebenbürgen auswandern, um ihren Glauben frei zu leben. Der Barock-Stil ist sichtbares Zeugnis dieser Zeit. Der Jesuiten übernehmen es, die Gegenreformation in den wieder neu gewonnenen Gebieten durchzuführen.

19. Jahrhundert

Die protestantischen Richtungen der Lutheraner und Reformierten schließen sich in vielen deutschen Landeskirchen zu Unionskirchen zusammen. Der „Neuprotestantismus" schafft ein geistiges Gegengewicht zu der starren Kirche in Rom, die 1871 bei dem 1. Vatikanischen Konzil die Unfehlbarkeit des Papstes beschließt. Bauliches Zeugnis dieser Zeit ist die von Protestanten weltweit durch Spenden finanzierte „Gedächtniskirche der Protestation" in Speyer (erbaut 1904, Abbildung).

20. Jahrhundert

Der ökumenischen Bewegung sind die meisten protestantischen Kirchen angeschlossen. Die katholische Kirche versteht sich als eine eigene ökumenische Kirche. Deutlich wird dies beim Ökumenischen Rat der Kirchen: Dort sind die meisten protestantischen Kirchen Mitglied, die katholische Kirche ist nur Beobachter. Auch theologisch ist man, trotz der Annäherung in der Frage nach der Rechtfertigung (Augsburg 1999), noch weit auseinander. So spricht Rom den anderen Kirchen ab, eine „Kirche" zu sein. Allerdings sucht die Kirchenbasis nach Wegen, „ökumenisch" miteinander umzugehen. Sichtbares Zeichen war 2003 der erste „Ökumenische Kirchentag" in Berlin.

Grundgedanken der Reformation

auf den Punkt gebracht

allein die Schrift
allein die Gnade
allein Jesus Christus
(allein der Glaube)

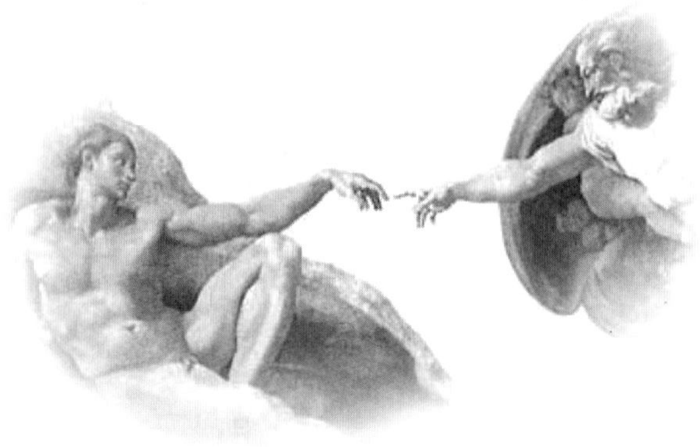

allein der Glaube

Worum geht es eigentlich bei der Reformation? Kurz gefasst:

Es geht um drei Gaben Gottes und eine Gabe des Menschen.

1. allein die Schrift / die Bibel = „sola scriptura"

Die Bibel ist Gottes Geschenk an uns. Hier werden uns seine Gedanken mitgeteilt. Und dennoch ist sie auch Menschenwerk – sie muss übersetzt werden, weil sie die Erfahrungen des Menschen mit Gott in einer bestimmten Zeit widerspiegelt. Sie allein gilt als Schlüssel zu einem wahren Verständnis von Gott.

2. allein die Gnade = „sola gratia"

Die Mitte der Bibel, ihre Kernaussage ist: Gott ist uns gnädig. Er hilft uns, auch ohne unser Zutun. Diese Gnade kann man nicht erkaufen und erzwingen. Sie kommt aus seiner Liebe zu uns Menschen.

3. allein Jesus Christus = „solus Christus"

Gott hat uns in Jesus Christus konkret seine Liebe vor Augen geführt. Jesu Worte und Taten sind Ausdruck dessen, was Gott uns von seiner Liebe zeigen will, und wie wir diese Liebe auch untereinander leben sollen. Darüber hinaus ist Jesu Tod und seine Auferstehung Gottes sichtbares Zeichen dafür, dass seine Gnade uns auch im Tod nicht verlässt. Deshalb ist der Glaube an Jesus, den Sohn Gottes, der Schlüssel zu Gottes Liebe und Gnade.

Der vierte Punkt ist allerdings bei den Reformatoren umstritten.

4. allein der Glaube = „sola fide"

Der Mensch ist in Freiheit geschaffen. Ihm steht es frei, zu Gottes Angebot seiner Liebe Ja oder Nein zu sagen. Der Glaube, das Vertrauen auf Gott, ist die Antwort des Menschen auf Gottes Liebe. Manche gehen davon aus, dass auch die Entscheidung für Gott und die Freiheit des Glaubens eine Gabe Gottes ist (Prädestination).

Literatur und Medien zum Thema „Reformation“

Zur sachlichen Vorbereitung

- ALAND, Kurt: Die Reformation Martin Luthers, Gütersloh 1982
- ALTHAUS, Paul: Die Theologie Martin Luthers, Gütersloh [7]1994
- BAUKE-RUEGG, J.: Die Frage nach dem gnädigen Gott. EvTh 57 (1997), S. 474–495
- BAYER, Oswald: Martin Luthers Theologie. Eine Vergegenwärtigung, Tübingen: Mohr/Siebeck, 2003
- BÖTTGE, Bernhard: Von Reformation und protestantischem Profil, in: forum religion 3/2002, S. 2f .
- BRECHT, M.: Martin Luther. Sein Weg zur Reformation. Stuttgart, 2. Aufl. 1983
- DIEWALD, H. u.a.: Lebensbilder Martin Luthers, Bindlach 1996
- FRIEDENTHAL, Richard: Luther. Sein Leben und seine Zeit, München: R. Piper & Co. Verlag, [11]1982
- GRESCHAT, Martin u.a.: (Hg.), Luther in seiner Zeit. Persönlichkeit und Wirken des Reformators, Stuttgart: Kohlhammer, 1997
- HALBFAS, Hubertus: Kirchengeschichte: Die Zeit der Reformation, in: RU in Sekundarschulen, Lehrerhandbuch 8, Düsseldorf 1995, S. 521–580
- KAUFMANN, Thomas: Reformatoren, Göttingen 1998
- KEMLER, Herbert: „Kurz und gut, wenig und wohl, sachte und immer an" – Martin Luther und die Schule, Essay, in: forum religion 3/2002, S. 42–46
- LANDGRAF, Michael: Kirchengeschichte im Religionsunterricht, in: Blätter für Pfälzische Kirchengeschichte 1999/2000, S. 255–266.
- LANDGRAF, Wolfgang: Martin Luther. Biografie, Berlin [3]1995
- LOHSE, B. (Hrsg.): Der Durchbruch der reformatorischen Erkenntnis bei Luther. Neuere Untersuchungen. Stuttgart 1988
- LOHSE, Bernhard: Martin Luther. Eine Einführung in sein Leben und Werk, München: Beck, [3]1997
- LOHSE, Bernhard: Luthers Theologie in ihrer historischen Entwicklung und in ihrem systematischen Zusammenhang, Göttingen 1995
- MARKSCHIES, Christoph u.a.: (Hg.), Luther – zwischen den Zeiten, Tübingen 1999
- MOELLER, Bernd: Deutschland im Zeitalter der Reformation, Göttingen 1999
- OBERMANN, Heiko: Luther. Mensch zwischen Gott und Teufel, München 1986
- SCHOBERT, I.: Rechtfertigung und Schülersehnsucht. Zentralartikel ohne Resonanz? EvTh 59 (1999)
- SCHWARZ, Reinhard: Luther. Studienausgabe, Göttingen [2]1998
- STROHM, Leo: Fesseln der Macht, in: 2000 Jahre Christentum: eine Religion verändert die Welt, München/Stuttgart 1999
- STUPPERICH, R.: Philipp Melanchthon. Gelehrter und Politiker. Göttingen/Zürich 1996
- WEGENAST, Klaus: Der christliche Glaube als Lehre im Unterricht, in: Adam, G./ Lachmann, R. (Hrsg.): Religionspädagogisches Kompendium, 1997 (5. Aufl.), S. 327-380
- ZELLER, Eva: Die Lutherin. Spurensuche nach Katharina von Bora, München 2000

Für die Unterrichtspraxis

- Das Leben suchen 7/8, hg. von Volker FABRICIUS/Hans HELLER, „Martin Luther: Befreit von Lebensangst“, Frankfurt am Main 1989, S. 147–164
- DIETERICH, Veit-Jakob: Der Weg in eine neue Zeit – Die Reformation, in: Spurenlesen 7/8, Werkbuch für die Hand der Lehrerinnen und Lehrer, hg. von Gerhard BÜTTNER u.a., Stuttgart: Klett Verlag, 1998, S. 277–304
- DIETRICH, Wolfgang, u.a. Martin Luther und die Reformation – Eine Unterrichtseinheit über Reformation und Gegenreformation für das 7.–9. Schuljahr, Frankfurt o.J.
- Entdeckungen machen 2, Grundausgabe, ab 7. Sj., hg. von Jürgen KLUGE, Berlin 1993
- Erzählbuch zur Kirchengeschichte, Bd. 2: Von der beginnenden Neuzeit bis zur Gegenwart, hg. von Dietrich STEINWEDE, Lahr/Freiburg/Göttingen: Kaufmann/Christopherus/Vandenhoeck und Ruprecht, 1987
- FEIL-GÖTZ, Elvira, u.a.: Martin Luther und seine Zeit. Materialien für die Grundschule, Stuttgart 1996
- forum religion: 3/99
- FRANK, Jürgen: „Eine starke Frau“. Katharina von Bora, die Lutherin, in: forum religion 3/1999, S. 30–41
- FRÜCHTEL, Ursula, u.a.: Religion im 7./8. Sj., „Zur Person Luthers/Der große Konflikt“, Göttingen [3]1989
- EIGER, U.: Martin Luther und die Reformation. Arbeitsblätter Religion Sek I. (Klett) Stuttgart 1995
- GEIGER, Ulrich: Martin Luther und die Reformation, 26 Arbeitsblätter mit didaktisch-methodischen Kommentaren, Sek I, Stuttgart: Klett, 1995
- GEISELBRECHT, Gerhard, u.a.: Reformation, Nürnberg 1995
- Gerechtigkeit lernen, Religion 7/8, hg. von Helmut RUPPEL u.a., Martin Luther – Aufbrüche mit dem Wort, Stuttgart: Klett, 1996, S. 96–111
- Glauben heute 7/8, hg. von Reinhard VEIT, „Reformation – Erneuerung aus dem Glauben“, Hannover 1990
- Hoffnung lernen, Religion 5/6, hg. von Ingo BALDERMANN, Wo bist Du, Gott?, Stuttgart: Klett, 1995
- JÜRGENS, Heiko, u.a. „Wir sind alle Bettler – Martin Luther“, Tonbildserie, Stuttgart 1982
- KALDEWEY, Rüdiger u.a.: Grundwissen Religion. Begleitbuch für RU und Studium, ab 10. Sj., Martin Luther und die Reformation, München: Kösel, [2]1985, S. 109–111
- KALL, A. (Hrsg.): Religion betrifft uns – 1/1997: Ecclesia semper reformanda, Aachen 1997

- Katharina von Bora. Die starke Frau an Luthers Seite, in: :in Religion 5/2002, Unterrichtsmaterialien Sek I (5./6. Sj.), Aachen: Bergmoser und Höller
- Kursbuch Religion 2000, 7/8, hg. von Gerhard KRAFT u.a., Wege in eine neue Zeit: Die Reformation, Stuttgart/Frankfurt am Main 1998, S. 194–203
- Kursbuch Religion Neuausgabe 7/8, hg. von Helmut HANISCH u.a., „Martin Luther und die Reformation", Frankfurt am Main 1991, S. 95–106
- KÜSTENMACHER, Tiki: Der Anschlag in Wittenberg, München 1997 (2. Aufl.)
- Lebens-Zeichen 7/8, hg. von Michael SCHWIEGER, „Das Bekenntnis Martin Luthers", Göttingen 1990
- Lebens-Zeichen, Bd. 1: Arbeitsbuch für das 5. & 6. Sj., hg. von Birgit BESSER-SCHOLZ, „Martin Luther - Ein Mönch macht eine folgenreiche Entdeckung", Göttingen 1988, S. 136-144
- Maschwitz, G. u. R.: Phantasiereisen zum Sinn des Lebens. München 1998
- PETRI, Dieter/THIERFELDER, Jörg: „Martin Luther und die Reformation", in: Unterrichtsideen Religion. Arbeitshilfen für den ev. RU in Hauptschule, Realschule und Gymnasium, Sj. 8, 2. Halbbd., hg. von Eckhart MARGGRAF/Martin POLSTER, Stuttgart 2000, S. 125–192
- PETRI, Dieter/Jörg THIERFELDER, Martin Luther und die Reformation, in: Kursbuch Religion, Neuausgabe 7/8, Lehrerhandbuch, hg. von Helmut HANISCH/Werner MÜLLER, Frankfurt am Main: Diesterweg, 1995
- Reli 7 (kath.), hg. von Georg HILGER/Elisabeth REIL, „Ein Gott und Herr – verschiedene Konfessionen", München 1999, S. 95–99
- Religion betrifft uns 1/1997, Alfred KALL, Ecclesia semper reformanda. Luther oder: Man lernt nie aus, Unterrichtsentwurf und -materialien Sek II, Aachen: Bergmoser und Höller
- Religionsbuch 7/8, hg. von Ulrike BAUMANN und Michael WERMKE, „Martin Luther und seine Zeit", Berlin 2001, S. 134–143
- Religionsbuch für das 7./8. Sj., (kath.), von Hubertus HALBFAS, „Kirchengeschichte: Die Zeit der Reformation", Düsseldorf 1990, S. 257–270
- Religionsbuch für das 9./10. Sj., (kath.), von Hubertus HALBFAS, „Von der Reformation zur Revolution", Düsseldorf 1991, S. 25–32
- RPH 3/97: Reformation 1997: Mit Philipp Melanchthon und Johannes Schwebel. Speyer 1997
- RPH 3–4/83: Martin Luther. Speyer 1983
- RPH 1/2004: Wir sind Protestanten. Speyer 2004
- ru praktisch, 6. Sj., U-Entwürfe und Arbeitshilfen für die Sek I, Göttingen: Vandenhoeck und Ruprecht, 1999
- Spurenlesen. Religionsbuch für die 7./8. Klasse, hg. von Gerhard BÜTTNER u.a., „Der Weg in eine neue Zeit – die Reformation", Stuttgart 1998, S. 115–125
- Stationen 1: Angst und Vertrauen. Speyer, 5. Aufl. 1996
- TAMMEUS, R. (Hrsg.): ru praktisch 8. Sj. – Unterrichtsentwürfe und Arbeitshilfen für die Sek I., Göttingen 1998
- TILLMANN, B.: Martin Luther. AV Religion. Arbeitsheft mit Kassette. Iserlohn 1999
- TÖRNER, Günther: Reformation, in: Konfernormal 30, 3/1998, hg. von Günter TÖRNER
- VON FRITSCHEN, Ulrike: Bedingungslose Annahme – Die lutherische Rechtfertigungslehre im Spiegel moderner Erfahrungen, in: ru praktisch, 8. Sj., U-Entwürfe und Arbeitshilfen für die Sek I, hg. von Rudolf TAMMEUS, Göttingen 1998, S. 7–33
- WERMKE, Michael: In der Gemeinschaft Gottes leben, Unterrichtssequenz für ein 7./8. Sj. zum Thema Reformation, in: forum religion, 2/2002, S. 18–28
- Zeit der Freude 5/6, (kath.), hg. von Werner TRUTWIN u.a., „Ein Leitfaden für das Leben - Martin Luther und seine Begegnung mit dem Bibelwort: ‚Aus Glauben gerecht'", Düsseldorf 2000, S. 42 f.
- ZITELMANN, A.: Widerrufen kann ich nicht. Lebensgeschichte des Martin Luther. Weinheim 1999
- Zweitausend Jahre Christentum Bd. I, Von der verfolgten Kirche bis zur Reformation, ab 9. Sj., von Martin und Amrei STUPPERICH/Jörg OHLEMACHER, Göttingen 1989

Luther digital und im Internet

Allgemeine Informationen	www.ekd.de; www.Luther.de
Zur Diskussion um die Rechtfertigungslehre	www.epv.de/ge/index.htm
Texte Luthers:	www.sermon-online.de
	www.ekd.de/Luther
	www.predigten.de/luther

Online-Spiele

Das große Luther-Gewinnspiel zum Film	www.luther-der-film.de/seiten/quiz2.htm
Schnelltest Luther	www.ekd.de/quiz/lutherquiz.php
Luther-Spiel der EKD (dt.)	www.ekd.de/luther/quiz.html
Brettspiel: Auf den Spuren Luthers	www.ekd.de/martinluther

CD-ROMS

- Zu Luther: Junghans, Helmar, MultiMedia-CD-ROM Martin Luther, Stuttgart 1997
- Zur regionalen Reformationsgeschichte: Himmighöfer, Traudel/Landgraf, Michael/Stüber, Gabriele: Pfälzische Kirchengeschichte multimedial, Ubstadt-Weiher 2003. Hier finden sich unter dem Stichwort „Reformation" und „Calvinismus" viele allgemeine Informationen zur Reformationsgeschichte auch außerhalb der Pfalz.

Luthers Leben und die Reformation im Film

Die Reformation Martin Luthers war schon früh als Filmstoff entdeckt worden.

- **1913** erschien der erste uns bekannte Luther-Film.
- **1927** entstand **„Luther – Ein Film der deutschen Reformation“ (Regie: Hans Kyser, Deutschland 1927)**. Der Stummfilm zeigt Luther als Kämpfer. Der aus Spenden finanzierte Film bricht mit dem Ende der Bibelübersetzung ab. Gezeigt wird Luther als heroische Gestalt. Bei der Uraufführung in Nürnberg gab es, laut Zensurunterlagen, schwere Auseinandersetzungen zwischen Katholiken und Protestanten. So wurde der Film erst nach Zensurauflagen freigegeben.

Aus den 1950er Jahren sind zwei Filme bekannt:

- **„Der gehorsame Rebell“ (Regie: Curt Oertel, BRD 1952)**. Finanziert von der New Yorker Lutheran Productions Inc., begannen im Herbst 1951 die Dreharbeiten an den Stätten von Luthers Wirken in beiden Teilen Deutschlands. Auch die ostdeutsche DEFA unterstützte das Filmvorhaben. Am Drehbuch wirkte der damalige Filmbeauftragte der Evangelischen Kirche in Deutschland, Werner Hess, mit. Heraus kam ein Dokumentarfilm, der seine Premiere im Juli auf der Jahrestagung des Lutherischen Weltbunds in Hannover hatte.
- Bis heute ist der Spielfilm **„Martin Luther“ (Regie: Irving Pichel, USA 1953)** im Buchhandel erhältlich. Finanziert von US-amerikanischen Lutheranern, war der Film die erste amerikanisch-deutsche Coproduktion nach dem Krieg. Pichel bemühte sich um eine einfühlsame, unheroische Behandlung und wurde darin von Hauptdarsteller Niall McGinnis unterstützt. Auch dieser Film schlägt den Bogen vom Eintritt Luthers ins Kloster bis zum Reichstag in Augsburg 1530. Der Film endet mit „Ein feste Burg ist unser Gott“.

In den 1980er Jahren entstanden besonders zwei Versionen, die aus beiden deutschen Staaten kamen und daher unterschiedliche Zugänge zur Person Luthers und der Reformation bieten:

- **„Martin Luther“ (Regie: Rainer Wolffhardt, BRD 1983)** wurde zum 500. Geburtstag Martin Luthers im Auftrag des ZDF als TV-Zweiteiler produziert. Der Autor des Drehbuchs, Theodor Schübel, wollte kein Abbild, sondern eine Abstraktion der Realität. Er überzeugte den Regisseur, fast ausschließlich in der Nürnberger Lorenzkirche zu drehen. Der TV-Film setzt, wenn auch durch seinen Drehort begrenzt, auf den Wiedererkennungswert der nicht immer verbürgten geschichtlichen Ereignisse. Der Schauspieler Lambert Hamel zeigt Luther als einen mitunter naiven Geist, vor allem gegenüber der politischen Wirklichkeit. In einem fiktiven Rededuell trifft Luther auf den Bauernführer Thomas Müntzer.
- **„Martin Luther“ (Regie: Kurt Veth, DDR 1981–83)**. Ebenfalls zum Luther-Jahr entstand die fünfteilige Fernsehserie des DDR-Fernsehens. 1982 hatte das DEFA-Dokumentarfilmstudio schon den Dokumentarfilm „Bürger Luther“ hergestellt. Ulrich Thein spielte Luther. Seitens des Zentralkomitees der SED gab es die Vorgabe, auf das „stimmige Verhältnis“ zwischen Martin Luther und Thomas Müntzer zu achten.

Weniger konventionell geht der Lutherfilm aus dem Jahr 2003 vor.

- **„Luther“ (Regie: Eric Till, USA 2003)** zeigt das Leben des Reformators an der Schnittstelle zwischen Tradition und Moderne in Form eines historischen Bilderbogens vom Gewitter in Stotternheim bis zum Augsburger Reichstag. Luther wird als sensibler und zögerlicher Mann porträtiert, der mit seinem Gewissen ringt. Dabei spielt die zuweilen derbe und grobschlächtige Seite Luthers kaum eine Rolle.

Dokumentarfilme:

- 2000 Jahre Christentum, Folge 5, Folge 7, Kath. Filmwerk GmbH, Frankfurt 1999
- Luther auf der Wartburg, von Heide GAUERT und Martin LAUBE, DDR/BRD 1983/1991 (FWU), ab 8. Schuljahr, 15 Min.
- Martin Luther (Serie), von Heike GAUERT (DEFA) und Martin LAUBE (FWU), 1991, jeweils ca. 15 Min.: 1. Schüler Luther aus Mansfeld; 2. Der Beginn der Reformation in Wittenberg; 3. Martin Luther auf der Wartburg; 4. Bürger Luther in Wittenberg
- Martin Luther: Stätten und Stationen seines Lebens: 1. Allein der Glaube, von Hans-Jürgen WEINECK, BRD 1983, ab 7. Schuljahr, 30 Min., 2. Hier stehe ich, 30 Min., 3. Eine feste Burg, BRD 1983, 30 Min.

I. Zugänge zum Thema „Reformation“

Zugänge orientieren sich an aktuellen Ereignissen oder an der Lebenswelt der Schülerinnen und Schüler. Daher können Zugänge zum Thema „Reformation“ unterschiedlich aussehen:

Ausgangspunkt	Thema	Grundfragen
Reformationstag	Kirchenjahr	Warum wird dieser Tag denn eigentlich gefeiert?
Konfessionen/ Kirchen Begriffsvielfalt „evangelisch – protestantisch ...“	Evangelisch – Katholisch Kirche	Wie kommt es, dass es bei uns die beiden Glaubensrichtungen gibt? Wie gestalten Christen ihre Gemeinschaft im Glauben an Gott?
Jubiläen, Ereignisse, Gedenktage	Reformation	Woher kommt die Bezeichnung „protestantisch“? Was bedeutet es, zu protestieren? Welche Bedeutung hat die Reformation heute noch?
Erleben von Ängsten	Angst und Vertrauen	Welchen Einfluss haben Ängste auf das Lebensgefühl von Menschen? Inwiefern bin ich hierbei frei, wo bin ich in Ängsten gefangen, wie gelingt es, mit ihnen umzugehen?
Gottesfrage	Gott und Gottesbilder	Welches Bild von Gott habe ich in meiner Biografie kennen gelernt?
Unsicherheit in der Frage nach dem Leben nach dem Tod	Leben und Tod	Welche Antwort habe ich auf die Frage nach einem Leben nach dem Tod?
Differenziertes Gefühl im Erleben von Freiheit	Freiheit	Wie erlebe ich Freiheit?

Bausteine

Wer kennt den Reformationstag?	Zugang: Jahresfestkreis mit Impulsfragen zum Reformationstag	🔔	17
Evangelisch oder protestantisch? **Protestantisch kommt von Protest**	Anknüpfungspunkt ist die Irritation über die Begriffsvielfalt „evangelisch“ – „protestantisch“. Möglicher Zugang ist eine Spurensuche im Ort oder im Telefonbuch. Hier kann auf die kirchliche Vielfalt eingegangen werden, wobei darauf zu achten ist, dass Mennoniten, Baptisten, Freikirchen oder Methodisten keine „Sekten“ sind, sondern besondere Richtungen im protestantischen Milieu darstellen. Anknüpfend am Begriff „protestantisch“ kann geklärt werden, warum Menschen protestieren, und wofür bzw. wogegen man alles einstehen kann. Bei der Begründung spielen Ängste eine Rolle, die als Schlüssel für die Reformation deutlich werden sollten.	🔔	18 19
Angst – Ängste von Kindern und Jugendlichen	Anknüpfungspunkt: Erfahrung von Ängsten bzw. besondere Ängste der Kinder und Jugendlichen.	🔔	20 21
Angst und Religion	Eine religiös begründete Angst bei Kindern wird durch Drohungen erzeugt. Das dadurch gestörte Gottesverhältnis und die tiefe Wirkung von Ängsten können anhand der Kurzgeschichten und des Kinderbildes durch Schülerinnen und Schüler erschlossen werden.	🔔🔔	22

Wer kennt den Reformationstag?

Im Jahresfestkreis gibt es ein besonderes Fest, das nur von den Evangelischen gefeiert wird – den Reformationstag am 31. Oktober.

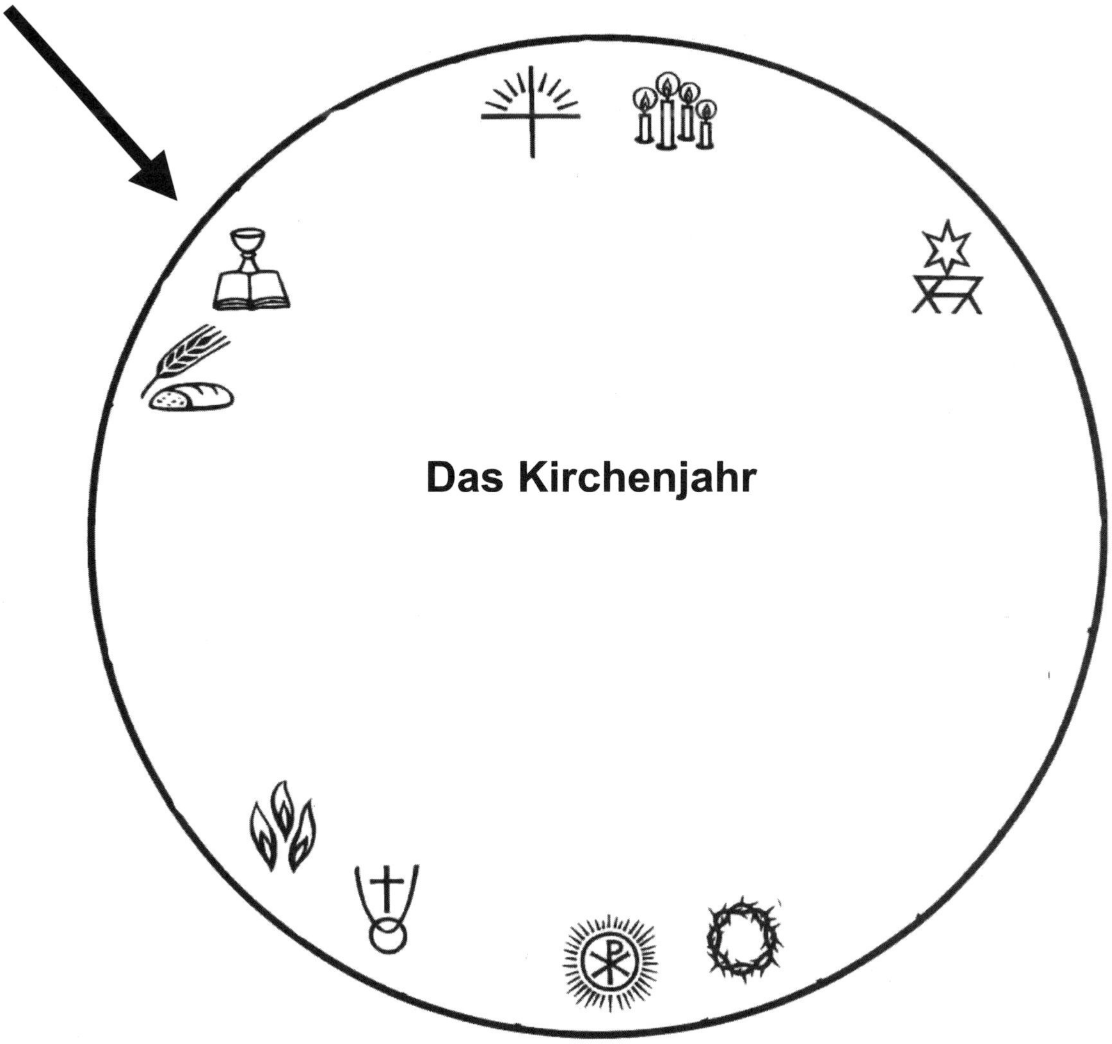

☞ **Was weißt du darüber, wie der Reformationstag gefeiert wird?**

☞ **Überlege, warum die Bibel und der Abendmahlskelch Zeichen für den Reformationstag sein können.**

Evangelisch oder protestantisch?

Evangelischer Religionsunterricht

Protestantische Kirchengemeinde Neustadt

Protestantischer Kindergarten

Evangelische Kirche der Pfalz (Protestantische Landeskirche)

Evangelisch oder protestantisch? – das klingt ganz schön verwirrend.

☞ **Suche in deinem Ort oder im Telefonbuch unter dem Stichwort „Kirchen", wo du Beispiele für die beiden Bezeichnungen findest.**

Die Bezeichnung „evangelisch" kommt von „Evangelium".
Übersetzt heißt das „Frohe Botschaft".
Das Evangelium ist auch der Teil der Bibel, in dem es um Jesus geht.

☞ **Was haben die „Evangelischen" mit dem Evangelium zu tun?**

Die Bezeichnung „protestantisch" kommt von „Protest". Protest heißt: „für etwas einstehen", aber auch „einen Einspruch einlegen".
In vielen Sprachen kennt man den Ausdruck „protestant" (engl.; franz.).

☞ **Warum werden „Evangelische" Christen auch „Protestanten" genannt?**

Wir protestieren!!!

☞ **Wofür und wogegen kann man heute „protestieren"?**

Ich bin für den Frieden auf der Welt. Kriege machen mir Angst.

Ich möchte, dass wir mit der Umwelt besser umgehen. Ich möchte die Hoffnung nicht aufgeben, dass unseren Nachkommen die Welt erhalten bleibt.

Ich protestiere gegen die Gewalt an meiner Schule. Ich hoffe, dass dadurch auch andere Mut bekommen, bei Schlägereien dazwischenzugehen.

☞ **Lies die Aussagen von Menschen, die für oder gegen etwas protestieren. Was führt sie zu ihrem Protest?**

Angst

Wer kennt sie nicht – die Angst.
Manchmal haben wir eine „Höllenangst".

☞ **Wovor kann man alles eine „Höllenangst" haben?**

☞ **Wie wirkt sich diese Angst auf das Lebensgefühl aus?**

☞ **Angst lässt sich gut mit Farben ausdrücken.
Male ein Angstbild mit Farben, die für dich dazu passen.**

Viele Menschen sprechen davon, wie frei sie sind.
In stillen Momenten geben manche aber zu:

Ich bin in meinen Ängsten gefangen.

☞ **Was meint dieser Satz?**

☞ **Erfinde eine Geschichte oder male ein Bild,
um zu zeigen, was damit gemeint sein könnte.**

Ängste von Kindern und Jugendlichen

☞ **Lies folgende Auszüge aus einem Artikel aus einer Tageszeitung von 1992:**

„Mathe macht mir Höllenangst“

Schlechte Noten, Zahnärzte, Drogen, Ausländerhass und Umweltkatastrophen machen Kindern Angst. Nach einer Umfrage der Zeitschrift „Eltern“ unter 2080 Kindern im Alter von 8 bis 16 Jahren fürchtet sich der Nachwuchs ferner vor unheilbaren Krankheiten, der Scheidung der Eltern sowie Kriegen und Arbeitslosigkeit.

Ein 13-jähriger Türke fürchtet sich vor dem Ausländerhass in Deutschland: „Ich merke, dass viele Deutsche uns gerne rausschmeißen wollen. Das ist schlimm, weil unsere Familie gerne hier bleiben will. Aber wenn ich morgens aufwache, dann denke ich mit Angst: Wie lange ist das noch unsere Heimat?“

Seine Sorge vor Nazis teilt eine 14-jährige Gymnasiastin: „Wenn am Fernseher Überfälle der Skinheads gegen Ausländer zu sehen sind, dann sagt mein Vater immer: Ich glaube, jetzt kommen die Nazis wieder. Dann müssen wir auswandern. Hoffentlich gibts dann auch für uns irgendwo Asyl ...“

Besonders viele Kinder fürchten sich vor Umweltkatastrophen: „Ein Gau in einem Atomkraftwerk wie in Tschernobyl (1986). Ganze Länder würden verstrahlt. Davor habe ich hauptsächlich Angst, weil es schließlich auch nur Menschen sind, die die Atomkraftwerke bedienen.“ Vor Aids hat eine 14-Jährige Angst: „Man weiß ja nie, ob der Mann, den man kennen lernt, Aids hat.“

Viele Kinder fürchten den Verlust der Eltern. „Ich habe Angst, meine Eltern zu verlieren. Sie können bei einem Autounfall ums Leben kommen. Wenn ich dann allein wäre, das stelle ich mir schrecklich vor“, sagt eine Grundschülerin. Eine 13-Jährige hat Angst vor der Scheidung ihrer Eltern: „Sie haben oft Streit. Mein Vater ist nur selten zu Hause.“

Auch Schule ist Ursache für Angst. „Mathe macht mir Höllenangst“, sagte eine 14-jährige Gymnasiastin. Ein zwölfjähriger Realschüler meint: „Ich habe Angst vor meinem Klassenlehrer. Er kann einem ganz gemein Angst machen. Er droht mit schlechten Noten und Sitzenbleiben. Ich bekomme Herzklopfen, wenn er die Klasse betritt.“

Sorgenfreie Schülerinnen und Schüler waren bei der Umfrage eher eine Ausnahme. Eine 14-jährige Gymnasiastin sagte: „Ich lebe ohne Angst. Ja, es gibt noch Jugendliche, die optimistisch sind. Meine Eltern und Lehrer sind top. Alles läuft affengeil. Wovor sollte ich Bammel haben?“

Auszug aus Frankfurter Rundschau, 18.12.1992

☞ **Welche Ängste von Kindern und Jugendlichen werden genannt?**

☞ **Wie sieht die Situation heute aus?**
Was ist ähnlich, was hat sich geändert?

Angst und Religion

☞ **Lies folgende Geschichten und vergleiche sie mit dem Bild:**

Oma Luise geht für kurze Zeit in den Laden um die Ecke. Der kleine Oliver spielt gerade. Sie sagt: „Du weißt ja: Der liebe Gott sieht alles! Stell also nichts an, solange ich weg bin."

Marie übernachtet bei ihrer Freundin Irina. Am Abend kniet Irina vor ihrem Bett und betet zu Gott. Marie hat das noch nie gemacht. Als Irina fertig ist, sagt sie: „Wer nicht betet, der kommt nicht in den Himmel."

☞ **Welche Bilder von Gott entstehen durch die Weise, wie hier über Gott geredet wird?**

☞ **Vergleiche das Bild mit den Sprüchen. Wo siehst du eine Verbindung?**

☞ **Welche Ängste können bei den Kindern durch solche Sprüche entstehen?**

II. Entdeckungen

„Entdeckungen“ ermöglichen einen Erkenntnisgewinn.
Die Materialien versuchen, einen Bogen zur eigenen Erfahrung zu schlagen.
Zum ganzen Thema kann die Erarbeitung einer Reformationszeitung sinnvoll sein.

Bausteine

Schlagzeilen vor 500 Jahren	Entdeckermut und Erfindungsreichtum zeichnet die Zeit vor 500 Jahren aus. Die Aufbruchstimmung ist eine der ersten Beobachtungen, die Schülerinnen und Schüler über diese Zeit machen können. Sie zeigt, dass die Zeit auch reif war für eine große Veränderung – die Reformation.	🔔	27
Menschen vor 500 Jahren	Die Schülerinnen und Schüler entdecken, dass die sozialen Unterschiede ein unterschiedliches Lebensgefühl zur Folge haben. Besonders die Stellung der Bauern und Frauen lassen den Ruf nach Freiheit erahnen.	🔔🔔	28
Frömmigkeit der Menschen vor 500 Jahren	Der Reisebericht des italienischen Kardinals öffnet den Blick für die Frömmigkeit der Menschen vor 500 Jahren. Bei den Schülerinnen und Schülern kann sich die Frage entwickeln, warum dies heute anders ist, und woran es damals lag, dass die Menschen die Hilfe in einer solchen Frömmigkeit und bei der Kirche suchten.	🔔	29
Die Angst vor dem Tod	Ein Schlüssel dazu ist für die Jugendlichen die Erkenntnis, dass die Gegenwart des Todes ein wichtiger Teil für das Leben der Menschen damals war. Diese Grundeinstellung gilt es, mit unserem Verhältnis zum Tod zu vergleichen.	🔔🔔	30
Der Weltuntergang kommt!	Die Gegenwart des Todes führte zu einer Stimmung, die den Weltuntergang erwartete. Dürers Bild der „Apokalyptische Reiter“ macht den Schülerinnen und Schülern im Vergleich mit der Offenbarung diese Stimmung deutlich.	🔔🔔🔔	31
Das Weltgericht	Die Darstellungen des Weltgerichts, besonders das Bild aus der Schedel'schen Weltchronik, zeigen den Schülerinnen und Schülern die konkrete Frage, vor der die Menschen damals standen: Wenn am Ende der Zeit nach dem großen Gericht die Menschen aus den Gräbern geholt werden, gehöre ich dann zu den Guten oder den Bösen? Christus, und damit auch Gott, fungieren hier als Richter.	🔔	32 f.
Die Höllenangst	Das Bild „Hölle“ aus dem 12. Jahrhundert zeigt anschaulich, wie sich die Menschen die Hölle vorstellten. Schülerinnen und Schülern wird bei solchen Bildern bewusst, dass diese früher einen pädagogischen Verwendungszweck hatten. Alternatives Bild wäre „Hölle“ von Hieronymus Bosch.	🔔🔔	34
Die Angst vor dem Fegefeuer	Eine Sonderstellung in dieser Weltsicht nimmt die Vorstellung des Fegefeuers ein: Wer stirbt und Sünden angehäuft hat, der kommt nicht automatisch in den Himmel oder die Hölle. Selbst wer am Ende in den Himmel käme, muss lange im Fegefeuer schmoren. Die Angst vor den Qualen plagte die Menschen im Mittelalter. Der Brief der Identifikationsfigur Witwe soll die Schülerinnen und Schüler für dieses Lebensgefühl sensibilisieren.	🔔	35
Wege aus dem Fegefeuer	Im Mittelalter wurden von der Kirche als Ausweg Bußübungen empfohlen. Sie forderten ein hohes finanzielles oder persönliches Engagement. Die Übungen machen Schülerinnen und Schülern deutlich, wie die Frömmigkeit in dieser Zeit zu Stande kam, aber durch den Vergleich mit Mt 25 auch, wie wenig diese Frömmigkeit mit der Bibel zu tun hat.	🔔	36
Ängste des jungen Martin Luther	Hier erschließen die Schülerinnen und Schüler durch den Rückblick Luthers in seinen Tischreden, dass er mit seinen Ängsten ganz Kind der Zeit war. Sie können dabei auch den Zusammenhang von Erziehung und Glaube erschließen.	🔔	37
Martin ändert sein Leben	Die Schlüsselszene in Luthers Leben ist die Entscheidung, ins Kloster zu gehen. Damit schlägt er einen der radikalen Bußwege ein, die es damals gegeben hat. Wichtig ist hier, dass Schülerinnen und Schüler die Gefühlslage von Luther begreifen, die ihn zu dem Entschluss getrieben hat.	🔔	38
Martin Luther im Kloster	Der strenge Lebenswandel im Kloster zeigt, wie hier Buße täglich gelebt wird. Trotzdem bleibt Luther unsicher, obwohl er alle Bußübungen ernst genommen hat. Hier kann Schülerinnen und Schülern noch einmal vor Augen geführt werden, warum Luther gerade ein solches Leben wählte. Ergänzendes Material: Briefe zwischen Luther und seinem Vater.	🔔	39 40

Missstände in der Kirche	Der Dialog soll Luthers Enttäuschung bei seiner Begegnung mit Rom und dem Papsttum deutlich machen. So werden die Schülerinnen und Schüler sich bewusst, warum Luther auch gegen das Problem der Missstände in der Kirche ankämpfte. Die Missstände sind auch durch die Holzschnitte von Lukas Cranach gut zu erschließen. Ob diese Missstände heute noch vorstellbar sind, können Schülerinnen und Schüler selbst ermitteln. Zur Vertiefung: (Internet-)Recherche zu den Vorreformatoren, zum Beispiel Hus, Wyclif, Waldes, Savonarola.	🔔🔔	41 f.
Luthers große Entdeckung in der Bibel	Der Schlüssel zur Reformation ist Luthers Entdeckung der Gerechtigkeit allein aus Glauben. Damit ist das Gottesbild verbunden, dass Gott kein böser Richter, sondern ein liebender Vater ist. Die Schülerinnen und Schüler sollen hier mit eigenen Worten beschreiben können, was Luthers Entdeckung war und was diese bei ihm emotional ausgelöst hat.	🔔🔔	43
Wie Martin Luther in der Bibel lesen	Die Zusammenstellung der Bibelstellen kann für Schülerinnen und Schüler den Zugang zu Luthers Entdeckung erleichtern. Sie zeigen Gott als einen, der den Menschen zur Seite steht – im Gegensatz zum alten Glauben an den strafenden Richter.	🔔	44
Der neue Glaube an Gott	Der neue Glaube ist der biblische Glaube an Gott – hier nochmals vereinfacht zur Wiederholung dargestellt. Zur Vertiefung kann der Satz diskutiert werden: „Liebe kann man sich nicht verdienen." Dies kann auch als Verknüpfung am Ende der Einheit erfolgen.	🔔	45
Luthers Entdeckung im Bild und Lied	Vertiefend kann zur Entdeckung Luthers das Bild Lukas Cranachs „Gesetz und Gnade" eingesetzt werden, weil hier das alte und neue Weltbild nebeneinander gestellt werden. Solche Bilder, wie auch Lieder wie „Nun freut euch, lieben Christeng'mein", hatten damals einen pädagogischen Zweck: Die Grundgedanken der Reformation sollten so besonders an die Menschen weitergegeben werden, die nicht lesen konnten.	🔔🔔🔔	46–48
Die Lutherrose	Das Symbol kann Schülerinnen und Schülern von der Lutherbibel oder von Kirchenbesuchen her vertraut sein. Die Lutherrose fasst als „Merkzeichen von Luthers Theologie" seine Grundgedanken gut nachvollziehbar zusammen.	🔔	49
Martin Luther begegnet dem Ablass	Hier wird der Beginn der Reformation an der Begegnung mit dem Ablass verortet. Die Schülerinnen und Schüler können anhand des Beichtgesprächs entwickeln, welche Einstellung Luther zu dem Glauben an die Wirksamkeit des Ablasses hatte. Vertiefend kann mit Schülerinnen und Schülern die fiktive Ablasspredigt Tetzels gelesen werden.	🔔	50 51
Luthers 95 Thesen	Luthers Thesenanschlag gilt als Beginn der Reformation, an den heute noch am Reformationstag mit Gottesdiensten gedacht wird. Die Schülerinnen und Schüler sollen anhand der Thesenauswahl erschließen, worum es Luther ging und welche Wirkung diese Thesen auf die Menschen seiner Zeit wohl hatten.	🔔	52
Martin Luther schreibt an den Erzbischof Albrecht von Mainz	Vertiefend kann der Brief an Albrecht von Mainz hier eingesetzt werden. Der Brief an den Erzbischof zeigt Schülerinnen und Schülern den Mut Luthers, sich mit der kirchlichen Obrigkeit anzulegen. Er wusste, dass Albrecht aufgrund seiner Schulden, die er beim Bankhaus Fugger wegen des Kaufs seines dritten Bistums (Mainz) hatte, auf das Geld angewiesen war. Der größte Teil des Geldes floss allerdings dem Bau des Petersdomes in Rom zu. Hier kann Bildmaterial zum Vatikan eingesetzt werden.	🔔🔔	53
Martin Luther im Streit mit der Kirche	Der Streit mit der Kirche, hier dargestellt anhand der „Leipziger Disputation" von 1518, und letztlich der Kirchenausschluss, waren die Folgen des Protestes. Dass dies für damalige Verhältnisse auch den Ausschluss aus der Gesellschaft mit sich brachte, dass man nicht einmal mehr auf einem Friedhof beerdigt werden durfte, ist eine wichtige Entdeckung für Schülerinnen und Schüler. Zusatzmaterial: Allegorie „Die Wittenbergische Nachtigall"	🔔🔔 🔔🔔🔔	54 55
Luther auf dem Reichstag **Das Urteil des Kaisers**	Luthers Auftritt auf dem Reichstag in Worms im Jahre 1521 brachte die Reformation im ganzen Reich in Bewegung, obwohl der Reichstag mit der Reichsacht für Luther und seine Anhänger endete. Schülerinnen und Schüler können hier Luther als „Protestanten" erschließen: Er beruft sich allein auf die Bibel, seinen Verstand und sein Gewissen. Diese Kriterien gilt es, deutlich herauszuarbeiten, damit sie später auf andere Ereignisse oder Personen angewendet werden können. Als Zusammenfassung kann eine Seite eines „Wormser Tageblattes" erstellt werden.	🔔🔔	56 57 58
Luther auf der Wartburg	Hier soll besonders die Bedeutung der Bibelübersetzung im Zentrum stehen. Die Schülerinnen und Schüler sollen entdecken, welche Rolle die Bibel für die Reformation und die weitere Entwicklung der deutschen Sprache spielte.	🔔🔔	59

Martin Luthers Bibelüberset-zung	Die Bibelübersetzung Luthers gilt wohl als eine seiner bemerkenswertesten Leistungen. Er schuf dadurch die Voraussetzung für eine einheitliche deutsche Sprache.	🔔🔔	60
Ärger in Wittenberg	Dass die Reformation nicht eingleisig und ohne Probleme verlief, zeigt die Auseinandersetzung Luthers mit den Bilderstürmern. Hier wurde die Reformation radikal verstanden. Die Schülerinnen und Schüler sollen ein differenziertes Bild der Reformation entwickeln, indem sie extreme Auswüchse kennen lernen. Hier kann der Bogen geschlagen werden zu den Bauernkriegen, zu Thomas Müntzer, zum Täuferreich zu Münster, aber auch zu gemäßigt radikalen Formen wie zur Reformation Zwinglis und Calvins. Zentral kann hierbei die Frage nach den Bildern und der Ausstattung von Kirchen sein, da dies bis heute sichtbare und für Schülerinnen und Schüler begreifbare Unterschiede zwischen den Konfessionen sind.	🔔🔔	61
Martin Luther und die Freiheit	Insbesondere der Ruf nach Freiheit unter den Bauern führt zu einem „linken Flügel der Reformation" fort. Hier sollte das Leben der Bauern und Luthers Reaktion auf die Bauernkriege besprochen werden, um eine differenzierte Sicht von Freiheit zu entwickeln. Luther ging es in erster Linie um Gewissensfreiheit, dem „linken Flügel" auch um radikale Freiheit bis hin zu gewaltsamen Veränderungen in der Gesellschaft.	🔔🔔🔔	62
Die Reformation geht weiter	Jugendliche sollten sich über den Fortgang und die Ausbreitung der Reformation informieren. Hierbei sollten sie sich bewusst werden, dass ein politischer Glücksfall die Ausbreitung der Reformation begünstigte.	🔔🔔	63
Philipp Melanchthon	Philipp Melanchthon, der „Lehrer Deutschlands", ist mehr als nur der Mitarbeiter Martin Luthers. Der Kurpfälzer war Universalgelehrter und neben der impulsiven Gestalt Luthers ein ruhender Pol der Reformation.	🔔🔔	64
Die Reformation Huldreich Zwinglis	Der Reformator der Schweiz ist besonders durch seine radikalere Form der Reformation für Schülerinnen und Schüler eine Entdeckung. Auch ist er wichtig im Blick auf die Teilung der Protestanten in „Lutheraner" und „Reformierte".	🔔🔔	65
Die Reformation Johannes Calvins	Hier soll Schülerinnen und Schülern deutlich werden, dass es auch in der zweiten Generation mit der Reformation weiterging. Die in vielem radikaleren Gedanken Calvins hatten weltweit einen großen Erfolg, denn besonders im englischsprachigen Raum (USA, Schottland, Australien) hat sich seine Auffassung von Gemeinde, der Hochschätzung der Predigt, der Frage nach der Kirchenausstattung und des Verständnisses des Abendmahls durchgesetzt.	🔔🔔	66
Reformation in den Regionen – Pfalz	Das Beispiel der Reformationsgeschichte der Pfalz zeigt, wie sich die pfälzischen Territorien in den Jahren bis 1550 der Reformation anschlossen. Schülerinnen und Schüler aus anderen Regionen können die eigene Reformationsgeschichte selbst erkunden.	🔔🔔	67 f.
Die Reformation verändert die Kirche – die Gesellschaft	Die Reformation zielt zunächst auf die Befreiung des Einzelnen aus den Ängsten vor Hölle und Fegefeuer. Dieser individualistische Aspekt der Veränderung ist allerdings eine Engführung. Für Schülerinnen und Schüler muss deutlich werden, dass die Reformation auch eine verändernde Kraft für Kirche und Gesellschaft mit sich brachte. Hier geht es primär um die Demokratisierung von Kirche und um die Frage, welche Rolle Bildung und Versorgung von Notleidenden haben soll.	🔔 🔔	69-72
Katharina von Bora	Die Ehe Luthers mit der ehemaligen Nonne Katharina von Bora war in vielerlei Hinsicht ein wichtiges Ereignis der Reformation. Die Ehe zweier Menschen, die den Zölibat gelobt hatten, galt in dieser Zeit als Unglück. Katharina von Bora ist eine der beeindruckendsten Frauengestalten der Reformationszeit und macht den Schülerinnen und Schülern deutlich, dass auch Frauen bei der Reformation eine wichtige Rolle gespielt haben.	🔔🔔	73
Kampf mit Bildern	Kampfbilder zeigen, wie damals Altgläubige und Anhänger Luthers gegeneinander Stimmung machten. Hier werden Luther oder der Papst jeweils mit dem Teufel in Zusammenhang gebracht. Schülerinnen und Schüler können durch die Flugschriften die Stimmung der Reformationszeit erschließen, die dazu führte, dass es einen endgültigen Bruch zwischen den Konfessionen gab.	🔔🔔🔔	74
Der Schlager der Reformation	Das Lied „Ein feste Burg ist unser Gott" ist bis heute fester Bestandteil jeder Reformationsfeier. Mit dem Lied kann das Grundgefühl um 1529, dem Jahr der Protestation, erschlossen werden. Da das Lied mit einem Rhythmus der Zeit unterlegt war, kann man versuchen, dies in einen modernen Rhythmus unserer Tage zu übertragen.	🔔🔔🔔	75

Protest in Speyer	Das Entscheidungsjahr 1529 brachte einen Protest gegen den Kaiser auf dem Reichstag mit sich, durch den die Protestanten ihren Namen erhielten. Auch die Fürsten beriefen sich, wie zuvor Luther 1521, auf ihr Gewissen vor Gott und die Heilige Schrift. Dabei muss den Schülerinnen und Schülern bewusst werden, dass das Auftreten gegen Kaiser, Papst und die Reichstagsmehrheit auch für Fürsten eine gefährliche Sache war. Dies kann durch den Erzähltext „Protestanten“ erschlossen werden. Zusatzmaterial: „Protestantische Fürsten und Städte“.	🔔🔔	76–78
Die Bekenntnisschrift der Evangelischen	Das Augsburger Bekenntnis von 1530 zeigt den Schülerinnen und Schülern, dass man sich vonseiten der Reformatoren in vielen Dingen mit der römischen Kirche einig sah. Die sieben im Bekenntnis formulierten Streitpunkte wie die Abendmahlsfrage und das Verständnis von Hierarchie in der Kirche sind allerdings bis heute Hinderungsgrund für eine Einigung. Hier kann auch die Frage nach der Aktualität der Streitpunkte gestellt werden.	🔔🔔	79
Radikale Reformation	Der „linke Flügel der Reformation“ kann in höheren Klassen als Querschnittsthema eingeführt werden. Ansatzweise wird er schon im Wittenberger Bildersturm und bei den Bauernkriegen besprochen. Schülerinnen und Schüler lernen hier, die reformatorische Bewegung zu differenzieren.	🔔🔔🔔	80
Der Augsburger Religionsfriede 1555	Das Auseinanderdriften von Anspruch und Wirklichkeit der Reformation können die Schülerinnen und Schüler anhand des Augsburger Religionsfriedens erschließen. Dieser vorläufige Schlusspunkt vor Gegenreformation und Glaubenskriegen im 17. Jahrhundert führt 1555 auf dem Augsburger Reichstag dazu, dass der status quo des „cuius regio - eius religio“ vereinbart wurde. Im Vergleich mit den Grundgesetzbestimmungen heute wird Schülerinnen und Schülern deutlich, wie weit diese Entscheidung wieder wegging von der ursprünglichen Idee der Reformation, dem Einzelnen Glaubens- und Gewissensfreiheit zuzugestehen.	🔔🔔	81
Gegenreformation	Hier entdecken die Schülerinnen und Schüler, welche Folgen der Augsburger Religionsfriede auch hatte. Der fiktive Brief eines Auswanderers zeigt, dass die Verortung der Glaubensentscheidung beim Landesfürsten dem Prinzip der persönlichen Gewissensfreiheit in Glaubensfragen zuwiderläuft. Zur Weiterarbeit können Auswandererschicksale des 17. oder 18. Jahrhunderts besprochen werden. Viele sind aus Glaubensgründen nach Russland oder nach Amerika ausgewandert. Besonders wenn Rückwanderer aus Russland in der Klasse sind, kann dies eine Entdeckung sein.	🔔🔔	82
Reformation rund um die Welt	Der Überblick über die reformatorischen Kirchen heute sollte durch eigene Recherchen der Schülerinnen und Schüler ergänzt werden.	🔔	83
Stammbaum der Kirchen		🔔	84
Protestanten in Deutschland		🔔🔔	85

Schlagzeilen vor 500 Jahren

Fast 500 Jahre gibt es nun die „evangelischen“ Christen, die auch „Protestanten“ genannt werden. Um zu verstehen, warum sie diesen Namen erhielten, müssen wir sehen, wie das Leben der Menschen in dieser Zeit ausgesehen hat.

- **Es wurden Entdeckungen gemacht:**
  Christoph Kolumbus entdeckt Amerika.

☞ **Sieh dir die Weltkarte vor den Entdeckungen der Zeit an.** Hier wird die Welt noch wie eine Scheibe gesehen.
Nach den Entdeckungen mussten die Weltkarten neu gezeichnet werden: Man entdeckte in dieser Zeit Amerika, die Küsten Afrikas und Australien.

☞ **Zeichne die alte Weltkarte ab und erweitere sie um diese Kontinente.**

- **Es wurden Erfindungen gemacht:**
  Johannes Gutenberg erfand den Buchdruck.

Der Buchdrucker.

☞ **Überlege, was durch den Buchdruck nun alles möglich ist.**

- **Es wurde die Technik verbessert**:
  So konnte man im Bergbau tiefer in die Erde graben.

☞ **Wenn man mehr aus dem Berg fördern kann, was verändert sich für die Minenbesitzer?**

☞ **Was denkst du – welche Stimmung können diese Ereignisse bei den Menschen damals ausgelöst haben?**

Menschen vor 500 Jahren

Vor 500 Jahren lebten Menschen ganz unterschiedlich.

Ganz oben stand der König oder der Kaiser. Der Papst stand in der Kirche ganz oben. Geistliche oder Mönche, „Klerus“ genannt, waren auch gut gestellt. Aber es gab sehr viele von ihnen. So kamen in Mainz auf 6000 Einwohner ungefähr 500 Geistliche. Viele von ihnen kamen unfreiwillig ins Kloster, da ihre Eltern zu viele Kinder hatten. Sie durften nicht heiraten und mussten in Armut und Gehorsam leben. Weil viele das nicht schafften, hatte der Klerus einen schlechten Ruf.

Ritter und Adelige waren Landbesitzer. Viele waren nicht reich, aber die meisten glaubten, sie seien etwas Besonderes.

Bürger der Städte waren oft Handwerker oder Händler. Sie konnten gut Geld verdienen und waren reich.

Die Bauern wurden immer ärmer. Wer wegen einer Missernte, durch Unwetter oder einen Unfall in einem Jahr seine Pachtabgaben nicht aufbringen konnte, der wurde schnell zu einem „Leibeigenen“. Das bedeutet: Bauern wurden rechtlos wie Sklaven (Bild). Auch alte Rechte der Bauern wurden eingeschränkt. Sie durften nicht mehr jagen oder fischen. Sie durften im Wald kein Holz mehr schlagen.

Jährliche Abgaben	Besondere Abgaben	Frondienste
Zehn Prozent der Ernte (Feldzehnt).	*Abgabe für eine Heiratserlaubnis.*	*Bis zu vier Tage in der Woche auf dem Herrenhof arbeiten.*
Zehn Prozent der Erzeugnisse durch Tiere wie Fleisch, Milch, Eier, Butter, Honig, Wachs, Felle ... (Blutzehnt).	*Beim Todesfall musste das beste Gewand und das beste Stück Vieh abgegeben werden.*	*Sonderarbeit zu Saat- und Erntezeit.*
Abgabe nach Größe des Landes (Grundzins).	*Abgabe bei Kriegen.*	*Bei Wege- oder Brückenbau Arbeitskraft und Gespann bereitstellen.*
Abgabe nach Anzahl der Familienmitglieder (Kopfsteuer).		
Abgabe zu Festtagen.		

Frauen ging es in jedem Stand besonders schlecht. Wenn der Ehemann starb, war eine Ehefrau nicht einmal Erbin. Viele Frauen waren unverheiratet. Es gab viel mehr Frauen als Männer. Nicht jede bekam einen Mann. Frauen standen in der Gesellschaft ganz unten.

☞ **Überlege, welches Lebensgefühl die jeweilige Gruppe von Menschen wohl gehabt hat.**

☞ **Vergleiche die damalige Ordnung mit der heute. Was hat sich heute alles geändert?**

Frömmigkeit der Menschen vor 500 Jahren

Vor 500 Jahren hat ein italienischer Kardinal Deutschland besucht.
Folgendes hat er dabei beobachtet:

Überall an den Straßen stehen Kreuze. Bei den Dörfern und Städten sind besonders große Kreuze zu finden. Auch Säulen mit Maria sieht man da. In jedem noch so kleinen Dorf findet man wenigstens eine prächtige Kirche. Meist sind sie mit schönen kunstreichen Glasfenstern geschmückt.

Anders als in Italien sind bei den Gottesdiensten die Kirchen immer übervoll. Deswegen müssen viele neue Kirchen gebaut werden. Die Leute hier sind gut und fleißig. Sie gehen jeden Tag in die Kirche, schon früh am Morgen. Selbst arme Menschen geben etwas, damit die Kirchen schön aussehen.

Während des Gottesdienstes ist man hier still. Man unterhält sich nicht wie in Italien. Die Priester lesen die Messe leise und auf Latein. Keiner versteht sie.

☞ **Welche Gründe kann es für eine solche Frömmigkeit gegeben haben?**

☞ **Was denkst du – was würde heute ein Besucher aus Italien berichten? Schreibe einen Bericht wie den oben aus heutiger Sicht.**

Die Angst vor dem Tod

Die Angst vor dem Tod war damals allgegenwärtig.

- Die Lebenserwartung der Menschen war kaum 30 Jahre. Es gab kaum Ärzte. So waren viele einfache Krankheiten oder Verletzungen tödlich.

- Von zehn Kindern erlebten nur zwei das Erwachsenenalter. Kinder starben meist in den ersten Lebensjahren.

- Viele Menschen verhungerten bei Missernten. Weil die Bauern auch ihre Herren versorgen mussten, blieb dann nicht viel für sie übrig.

- Wer einen schweren Unfall hatte oder im Krieg verletzt wurde, hatte kaum eine Überlebenschance. Es gab kaum Krankenhäuser. Wer als Behinderter überlebte, konnte kein Geld mehr verdienen und wurde arm. Oft starb er wenige Jahre später an Hunger oder er erfror im Winter, weil er sich keine Wohnung mehr leisten konnte.

- Es gab ansteckende Krankheiten wie den „Aussatz“ (= Lepra). Aussätzige wurden als lebendige Tote angesehen. Sie mussten besondere Kleidung tragen und laute Geräusche machen wie Klingeln oder Rattern, wenn andere Menschen sich ihnen näherten (Bild). Allein von Almosen mussten sie leben.

- Die Pest war eine der schlimmsten Krankheiten der Zeit. Man bekam am ganzen Körper blaue und schwarze Flecken. Dunkle Eiterbeulen entstanden unter den Achseln. Drei Tage später war der Erkrankte meist tot. Ganze Familien wurden damals ausgerottet. Davon erzählt folgendes Gedicht:

  „Neun Kinder spielten im ersten Haus,
  neun kleine Särge trug man heraus.
  Um den Amboss vier Gesellen sich reihn,
  am nächsten Tag ist der Schmied allein.
  Und wer ihn suchte am Morgen drauf,
  dem tat keine Hand die Türe mehr auf.
  Zwei Knäblein zerren mühsam und schwer,
  den Sarg des Vaters daher,
  den leeren Wagen bringt einer nach Haus,
  und geht gleich selbst zum Friedhof hinaus.“

☞ **Welche Auswirkung hatte wohl die Angst vor dem Tod auf die Menschen damals?**

Der Weltuntergang kommt!

Die Menschen hatten Angst vor dem baldigen Weltuntergang.

Kriege, Krankheiten, Hungersnöte und andere Katastrophen galten als dessen Vorboten.

Das Bild „Die Apokalyptischen Reiter" von Albrecht Dürer zeigt vier Reiter, die in der Bibel beschrieben werden:

Sieg (Krieg)

Gewalt

Hungersnot

Tod

Dies sind die symbolischen Namen der Reiter.

☞ **Welche Aussagen des Bibeltextes kannst du im Bild erkennen?**

Offenbarung des Johannes 6, 2–6

Und ich sah, und siehe, ein weißes Pferd. Und der darauf saß, hatte einen Bogen, und ihm wurde eine Krone gegeben, und er zog aus sieghaft und um zu siegen.
Und als es das zweite Siegel auftat, hörte ich die zweite Gestalt sagen: Komm!
Und es kam heraus ein zweites Pferd, das war feuerrot. Und dem, der darauf saß, wurde Macht gegeben, den Frieden von der Erde zu nehmen, dass sie sich untereinander umbrächten, und ihm wurde ein großes Schwert gegeben.
Und als es das dritte Siegel auftat, hörte ich die dritte Gestalt sagen: Komm! Und ich sah, und siehe, ein schwarzes Pferd. Und der darauf saß, hatte eine Waage in seiner Hand.
Und ich hörte eine Stimme mitten unter den vier Gestalten sagen: Ein Maß Weizen für einen Silbergroschen und drei Maß Gerste für einen Silbergroschen; aber dem Öl und Wein tu keinen Schaden!

☞ **Welches Lebensgefühl wird mit einem solchen Bild ausgedrückt?**

Das Weltgericht (I)

Jeder hatte damals Angst vor dem Weltgericht. Man glaubte:
Am Ende werden alle Menschen aus den Gräbern geholt und sie werden in zwei Gruppen geteilt.

☞ **Beschreibe, was auf dem Bild zu sehen ist.**

Ein anderes Bild (nächste Seite) zeigt, welche Rolle Gott, Jesus und die Heiligen bei dem Gericht spielen.
Christus richtet über die Menschen.
Die Engel blasen zum Gericht.
Aus einem Ohr von Christus wächst eine Lilie, aus dem anderen Ohr ein Schwert.
Das Ohr ist Zeichen für das, was Christus hört.
Die Lilie ist Zeichen dafür, dass man von Christus erwählt ist.

☞ **Welche Bedeutung hat in diesem Zusammenhang wohl das Schwert?**

☞ **Welche Rolle spielen Maria und Johannes der Täufer neben Jesus?**

Das Weltgericht (II)

Die Höllenangst

Das Bild zeigt, welche Vorstellungen von der Hölle die Menschen damals hatten. Man wird aufgehängt und über das Feuer gehalten (erste Zeile), wird gequält und aufgespießt (zweite Zeile), man wird in kochendes Wasser geworfen (dritte Zeile) und bekommt heißes Öl in den Hals geschüttet (untere Zeile links). Schließlich sitzt der Mensch auf dem Schoß des Teufels (unten rechts).

☞ **Das Bild ist in Farbe gemalt worden. Male es mit den Farben aus, in denen es gehalten sein könnte.**

☞ **Unter www.schulmuseum-ottweiler.net findest du mehr über das Bild. Wenn möglich, informiere dich.**

Die Angst vor dem Fegefeuer

Lies folgenden Brief, den vor über 500 Jahren eine Frau an ihre Tochter geschrieben haben könnte:

Liebe Tochter,

leider muss ich Dir mitteilen, dass gestern früh dein lieber Vater gestorben ist. Ich muss nun sehen, wie es weitergeht, denn du weißt, dass deine vier Geschwister noch im Haus leben. Ich werde allein das Wirtshaus weiterführen. Ob ich das alles schaffe?

Heute Nacht überfiel mich eine große Angst.
Wie wird es jetzt deinem Vater wohl gehen?
Er hat den Gottesdienst oft nicht besucht
und er hat Bettler meist davongejagt.
Ob er dafür jetzt lange im Fegefeuer bleiben muss?
Dein armer Vater! Wenn wir ihm doch nur helfen
könnten, dass er nicht so lange im Fegefeuer bleiben muss!

Deine Mutter

Der Glaube an das Fegefeuer im Mittelalter:

Wer im Leben gesündigt hat, der muss nach dem Tod eine Strafe im Fegefeuer abbüßen. Dort wird er gequält.

Im Unterschied zur Hölle kann diese Strafe durch gute Werke, Fürbitten der Heiligen oder durch Ablass verkürzt werden.

☞ **Was geht alles in der Frau vor, die den Brief schreibt?**

☞ **Lies die Erklärung zum Fegefeuer. Unter www.wissen.swr.de kannst du mehr über das Bild und das Leben in Mittelalter erfahren.**

Wege aus dem Fegefeuer

Die Frau ging zum Priester und berichtete von ihren Ängsten.
Der sagte ihr, sie solle für ihren Mann Buße tun, damit seine Sündenstrafen nicht so groß sind. So zeigte er ihr, was man alles machen kann, damit die Fegefeuerstrafe nicht so lang wird:

Wollen Sie Buße tun?
Sie wollen sich selbst oder einem Verwandten das Fegefeuer erleichtern?
Sie können sich entscheiden!

- ☐ eine Wallfahrt zum Grab oder der Reliquie eines Heiligen, nach Rom oder ins Heilige Land machen
- ☐ eine Seelenmesse bezahlen und vom Priester lesen lassen
- ☐ ins Kloster gehen
- ☐ sich geißeln
- ☐ Bußgeld, „Ablass“ genannt, bezahlen
- ☐ Gebete zu Heiligen sprechen und um deren Fürbitte bei Jesus und Gott bitten
- ☐ Tote in geweihter Erde (Friedhof) begraben lassen
- ☐ Gutes tun, wie ...
  ... Fremde beherbergen und ihnen zu essen geben oder Gefangene besuchen

Heilige:
Man dachte damals, dass man im Gebet nicht direkt mit Gott oder Jesus sprechen darf.
Maria, Johannes der Täufer oder Heilige mit einer besonderen Aufgabe sollten für einen bitten.
Deshalb betete man, wenn man sich auf eine Reise machte, zum heiligen Christopherus, wenn man eine Brücke überquerte, zum heiligen Nepomuk oder wenn man Angst vor Feuer hatte, zum heiligen Florian.

Wallfahrt:
Meist zu Fuß legte man einen langen Weg zu einer Pilgerstätte mit Reliquien, dem Grab eines Heiligen, nach Rom oder ins heilige Land Israel zurück.

Reliquie:
ein heiliger Gegenstand wie ein Stück vom Kreuz Christi oder ein Körperteil eines Heiligen

Seelenmesse:
eigens bezahlter Gottesdienst für Verstorbene.

geißeln:
sich selbst auspeitschen oder quälen.

☞ **Auch heute noch kennt die katholische Kirche viele Heilige. Suche dafür Beispiele.**

☞ **Welche dieser Bußübungen erscheinen dir schwer, welche leicht?**

☞ **Nur wenige der Bußübungen findet man auch in der Bibel.**
Lest Mt 25, 31–40. Was gilt als „gute Werke“ für das Weltgericht?

Ängste des jungen Martin Luther

Am Ende seines Lebens erzählt Martin Luther seinen Freunden über seine Kindheit und Jugend:

„Ich wurde am 10. November 1483 in Eisleben geboren. Gleich am nächsten Tag, am Martinstag, wurde ich getauft. Daher erhielt ich den Namen Martin. Mein Vater war damals ein armer Bergmann. Er fürchtete Gott sehr und machte mir klar, was ein Sünder alles zu erwarten hat. Ich ging ihm lieber aus dem Weg. Auch meine Mutter hat mich einmal wegen einer Nuss, die ich gestohlen hatte, halb totgeschlagen.

Später zog meine Familie nach Mansfeld. Dort brachte es mein Vater zum Besitzer einer Kupfermine. Ich konnte zur Schule gehen, denn Vater verdiente nun genug Geld, um das Schulgeld zu zahlen und mir Bücher zu kaufen. In der Schule lernte ich Lesen, Schreiben, Rechnen und Latein. Dort herrschte ein strenger Wind. Rohrstock und Prügel waren an der Tagesordnung. Es war eine Teufelsschule, von Tyrannen geleitet.
Nur weil ich fleißig lernte, konnte ich auf die höhere Schule in Magdeburg und Eisenach gehen. Mit 17 Jahren war ich fertig. Nun durfte ich an der Universität Erfurt studieren. In dem ersten Studium studiert man Latein, Philosophie, Mathematik und man lernt, wie man diskutiert. Nach vier Jahren war ich fertig. Ich durfte mich nun „Magister“ nennen. Jetzt hätte ich weiterstudieren können. Mein Vater wollte, dass ich Rechtswissenschaft lerne. Da kann man Bürgermeister, Rat oder Minister werden. Aber es kam anders!

In der Zeit ist einer meiner besten Freunde gestorben, und auch ich bin fast ums Leben gekommen. Und weil ich in dieser Zeit ein Lotterleben geführt habe, war mir klar: Wenn ich jetzt sterbe, habe ich so eine große Schuld, dass ich bestimmt in die Hölle komme oder für tausende Jahre im Fegefeuer schmoren muss.

☞ **Martin Luthers Ängste haben viele Ursachen. Zeige auf, welche hier eine Rolle spielen könnten.**

Martin ändert sein Leben

Martin Luther ist 22 Jahre alt. Er sitzt nachdenklich in einer Studentenkneipe in Erfurt.
Es geht hoch her und überall riecht es nach Bier.
Seine Mitstudenten sprechen ihn an:

Gernot He Martin, wie schaust du denn aus? Bist du krank? Hast du Sorgen?

Martin Mir geht es gut. Aber ich bereite mich vor, dass dies alles morgen für mich zu Ende ist.

Konrad Wie meinst du das? Willst du an eine andere Universität gehen?

Martin Nein – ich gehe ins Kloster.

Gernot Bist du verrückt? Ausgerechnet du? Du kannst doch zu keinem Glas Bier und keinem Mädchen Nein sagen. Du willst Mönch werden? Dass ich nicht lache!

Martin Es ist mein voller Ernst. Vor zwei Wochen ist mir etwas passiert, das mir heute noch nachgeht. Ich kam auf dem Weg beim Dorf Stotternheim in ein Gewitter. Überall schlugen Blitze ein. Ich rief: „Hilf, heilige Anna, und ich will Mönch werden.“ Ihr wisst, dass ich früher schon knapp am Tod vorbeigekommen bin. Die Pest, die in diesem Jahr in Wittenberg wütete, und der Unfall, den ich vor zwei Jahren hatte, bei dem ich fast verblutet bin. Das ist alles kein Zufall.

Konrad Aber da hält sich doch keiner dran, wenn er in der Not etwas ausruft.

Martin Und was ist, wenn der Herrgott mir dies am Ende aufrechnet?

Was ist, wenn ich deswegen 1000 Jahre länger im Fegefeuer schmoren muss, weil ich mein Versprechen gebrochen habe?

Ihr wisst: Gott ist ein strenger Richter. Da muss man sich vorsehen.

Gernot Mach mir keine Angst, Martin. Auch ich sag manchmal so etwas dahin.

Konrad Und was wird dein Vater sagen? Der hat für dein Studium und deine Bücher ein Vermögen ausgegeben?

Martin Das wird sicher Ärger geben. Aber ich kann nicht anders.

Ich habe in meinem Leben schon so viel Unrechtes getan.

Ich muss einfach ins Kloster gehen.

Wittenberg

☞ **Welche Gefühle stehen hinter der Entscheidung von Martin Luther?**

Martin Luther im Kloster

Martin Luther trat ins Kloster der Augustiner in Erfurt ein.
Er musste seine Studentenkleider ablegen.
Er musste sich eine besondere Frisur schneiden lassen, die „Tonsur“.
Beides zeigte, dass er bereit war zu Demut und Buße.

Sein Leben änderte sich radikal:

- Er wohnte nun in einer kleinen unbeheizten Kammer („Zelle“).
- Er musste einen Bettelsack umhängen und um Gaben bitten.
- Er musste überall niedere Arbeiten tun, ob in der Küche oder beim Saubermachen.
- Er musste sich immer wieder zum Gebet niederwerfen.
- Ab 3.00 Uhr morgens musste er sieben Mal am Tag an Gottesdiensten teilnehmen.
- Er musste viel beten.
- Jede noch so kleine Schuld musste er beichten.
- Er musste die Bibel studieren.

Im Rückblick sagte Luther über diese Zeit

Ein frommer Mönch bin ich gewesen, sodass ich sagen darf:
Ist je ein Mönch in den Himmel gekommen durch Möncherei,
so wollt ich auch hereingekommen sein.

Wenn es noch länger gedauert hätte, dann hätte ich mich zu
Tode gefoltert mit Wachen, Beten, Lesen und anderer Arbeit.

☞ **Warum wählt sich Luther so ein Leben?**

Im Kloster zu Wittenberg wurde er 1507 zum Priester geweiht.
Normalerweise war der Tag der Priesterweihe ein Freudentag für einen jungen Priester.
Doch für Martin Luther nicht.
Er glaubte, dass er nicht würdig sei, ein Priester zu sein.
Dazu kam, dass er Streit mit seinem Vater hatte. Dieser wollte nicht, dass sein Sohn wegen eines Gewitters ein Priester wird.

☞ **Warum ist Luther so unsicher?**

Weil er sich so gut mit der Bibel auskannte, wurde Martin Luther fünf Jahre später (1512) Professor an der Universität Wittenberg.

Briefe zwischen Luther und seinem Vater

Martin Luther trat in das Kloster ein. Er schrieb seinem Vater, der ihm seine Ausbildung und sein Studium ermöglicht hatte, folgenden Brief:

Erfurt, den 3. Juli 1505

Verehrter Herr Vater!

Schweren Herzens schreibe ich euch einen Brief. Er wird euch überraschen, zumal ich vor wenigen Tagen bei euch war. Den Grund will ich euch gleich nennen.
Als ich auf dem Weg nach Erfurt war, wurde ich von einem Gewitter überrascht. Ich bin zu Tode erschrocken. Überall schlug der Blitz ein. Da gelobte ich der heiligen Anna: Ich will Mönch werden, wenn sie mich rettet. Ich überlebte das Gewitter.
Als ich wieder bei meinen Freunden war, da erzählte ich ihnen davon. Die sagten mir, ich solle mich nicht an das Gelübde halten. Doch ein Gelübde ist ein Gelübde. Was wird Gott mit mir tun, wenn ich das Gelübde breche?

Vater, mein Entschluss steht fest.
Ich gehe ins Kloster. Ich will gehorsam sein und das Heil für meine Seele suchen. Wo lässt sich dies besser finden als im Kloster?
Ich hoffe, Ihr habt Verständnis für mein Tun.

Euer Sohn Martin

☞ **Wie hat der Vater von Martin Luther auf diesen Brief reagiert?**
Schreibe einen Antwortbrief an Luther.

Missstände in der Kirche

Martin Luther reiste 1511 im Auftrag seines Ordens nach Rom. Dort sah er Dinge, die ihn jahrelang nicht losließen. Seinem Beichtvater Staupitz beichtete er, was er erlebte und welche Gefühle er dabei hatte.

Papst Leo X.

Staupitz Nun, Bruder Martin, wieder von Rom zurück? Was hast du dort erlebt?

Luther Ich bin entsetzt über diesen sündigen Ort. Wenn es eine Hölle gibt, so stünde wohl Rom drauf.

Staupitz Was ist los mit dir? Hast du den Verstand verloren?

Luther Ihr wisst nicht, was dort los ist. Dort wird den Armen das Geld aus der Tasche gezogen. Priester halten für Geld möglichst schnell ihre Messen. Überall sind Reliquien aufgestellt, die man nur für Geld sehen darf. Man bekommt Ablassbriefe, mit denen man seine verstorbenen Verwandten aus dem Fegefeuer befreien kann, aber nur für Geld.

Und der Papst?

Der lebt in Saus und Braus wie ein reicher Fürst. Mit einer goldenen Rüstung reitet er herum. Er feiert prunkvolle Feste und führt ein Lotterleben. Den ganzen Tag soll er sich Theaterspiele ansehen. Sogar mehrere Kinder hat er. Um Geld zu bekommen, verkauft er Bischofssitze. So wundert es nicht, dass nur reiche Adelssöhne Bischöfe werden.

Staupitz Nun beruhige dich wieder. Du bist ja völlig außer dir.

Luther Das muss man ja auch sein.
Stell dir doch einfach vor: Der Papst soll unser großes Vorbild sein. Wunderst du dich da, dass auch die kleinen Priester und Mönche bei uns vielleicht ihrem großen Vorbild nacheifern?
Ich finde, wir sollten darauf achten, dass es in der Kirche weniger um Geld und mehr um das Seelenheil der Menschen geht.

☞ **Welche Ratschläge könnte Staupitz dem aufgeregten Martin Luther geben?**

☞ **Sind solche Missstände in der Kirche heute noch vorstellbar? Überlegt miteinander.**

Erwartungen an die Kirche der Zeit

Die Kirche wurde besonders wegen ihres Reichtums und wegen ihrer Macht kritisiert. Die Menschen forderten, dass die Kirche sich mehr dem Dienst an den Menschen als der eigenen Macht widmen solle.

Dies drücken die beiden Bilder des Künstlers Lukas Cranach aus dem Jahr 1521 aus.
Sie zeigen: Jesus hat seinen Jüngern die Füße geküsst. Der Papst lässt sich von den Königen die Füße küssen.

☞ **Lies in der Bibel die Geschichte von der Fußwaschung (Joh 13,1 ff.) und überlege, warum der Künstler diese Bibelstelle hier darstellt.**

☞ **Wie würde heute ein Künstler den Zustand der Kirche darstellen?**

Luthers große Entdeckung in der Bibel

Luther fand im Kloster keine Ruhe. Er wollte Gott gnädig stimmen. Er fastete, wachte ganze Nächte, betete und las in seiner Klosterzelle (Bild) in der Bibel. Er glaubte, Gott sei ein gerechter Gott, der alle Sünden wie ein strenger Richter aufschreibt.

Nächtelang suchte er in der Bibel:
„Wo finde ich Hinweise, wie ich selbst ein gerechter Mensch werde, der vor Gottes Gericht bestehen kann?“

Irgendwann las er den Satz im Brief des Paulus an die Römer:

„Der Gerechte wird aus dem Glauben leben“ (Röm 1,17).

Immer wieder las er den Satz. Meinte er etwa: „Allein“ aus dem Glauben? Ohne dass wir etwas tun müssen? Er schrieb das lateinische Wort „sola“ (= allein) daneben. Jetzt verstand er:

„Allein mein Glaube reicht aus, um bei Gott als gerecht zu gelten.“

Ihm fielen immer mehr Bibelstellen ein. Sie alle zeigten, wie sehr Gott die Menschen liebt. Er spürte:

„Gott ist ja gar kein strenger Richter.
Er ist wie ein liebender Vater, der uns auch Sünden vergibt.
Wenn wir allein an ihn glauben, dann brauchen wir keine Angst mehr zu haben.“

Er fühlte sich wie neugeboren. Seine Angst war weg.

☞ **Versuche in eigenen Worten zu beschreiben, was Luthers große Entdeckung war.**

☞ **Luther entdeckt in der Bibel Gott als liebenden Vater und nicht als strengen Richter. Kennst du eine Geschichte, die dies zeigt?**

☞ **Wenn dir keine einfällt, dann lies Gleichnisse in Lk 15.**

Wie Martin Luther in der Bibel lesen

Martin Luther entdeckte in der Bibel ein ganz anderes Bild von Gott als das des strafenden Richters.

☞ **Lies die Bibelstellen und zeige auf, wie Gott hier dargestellt wird.**

☞ **Welche Stellen könnte Luther als Beweis für seine Entdeckung verwenden?**

Jes 66,13 **Ich will euch trösten, wie einen seine Mutter tröstet.**	**Weish 6,8** **Denn der Herr des Alls wird niemand begünstigen noch irgendeine Macht scheuen. Er hat die Kleinen und Großen geschaffen und sorgt für alle gleich.**
Ps 103,2 **Lobe den Herrn, meine Seele, und vergiss nicht, was er dir Gutes getan hat.**	**1. Joh 4,19** **Lasst uns lieben, denn er hat uns zuerst geliebt.**
Ps 107,1 **Danket dem Herrn, denn er ist freundlich, und seine Güte währet ewiglich.**	**Ps 62,6** **Gott ist meine Hoffnung.**
Ps 6,4 **Du hast mich erhört, als ich zu dir schrie.**	**1. Petr 5,7** **Alle eure Sorge werft auf ihn; denn er sorgt für euch.**
Ps 116,6 **Der Herr schützt alle, die sich nicht helfen können.**	**Röm 8,39** **Es gibt in der Welt nichts, was uns von Gottes Liebe trennen kann.**
Ps 62,7 **Gott ist mein Fels, meine Hilfe und mein Schutz, dass ich nicht falle.**	**Ps 23,1** **Der Herr ist mein Hirte, mir wird nichts mangeln.**
Ps 142,3 **Ich klage Gott meine Not, ich sage ihm, was mich quält.**	**Ps 28,7** **Der Herr ist meine Stärke und mein Schild.**
Lk 7,50 **Dein Glaube hat dir geholfen, geh hin in Frieden.**	

Der neue Glaube an Gott

Die Entdeckung Martin Luthers brachte es mit sich, dass die Menschen den Glauben an Gott neu erlebten:

Gott wurde früher gesehen als ...

Gott wird jetzt gesehen als ...

Früher musste der Mensch, um vor Gott als „gerecht“ dazustehen, Folgendes tun:

Jetzt muss der Mensch Folgendes tun, um vor Gott als gerecht dazustehen:

☞ **Welche Folgen hatte wohl dieses veränderte Denken auf das Lebensgefühl der Menschen?**

☞ **Besprecht miteinander den Satz: „Liebe kann man sich nicht verdienen“.**

Luthers Entdeckung im Bild

Lukas Cranachs „Gesetz und Gnade“

Weil viele Menschen nicht lesen konnten, nahm man Bilder, um die Entdeckung Martin Luthers zu verbreiten. Das Bild vom berühmten Künstler Lukas Cranach (nächste Seite) wurde massenweise hergestellt. Folgendes gibt es zu entdecken:

Die linke Seite ist das „Gesetz“ und stellt die alte Sicht der Welt dar.
Die rechte Seite ist die „Gnade“, die neue Sicht der Welt.
Ein Baum teilt das Bild – auf der linken Seite ist er verdorrt, rechts grünt er.

Die **Bildhälfte „Gesetz“**
zeigt den Menschen auf der Flucht.
Der Tod jagt den Menschen in das Feuer.
Dort erwartet ihn der Teufel.
Rechts stehen Moses (mit Gesetzestafeln) und Propheten.
Sie klagen den Menschen an.
Im Hintergrund sind Adam, Eva und die Schlange.
Sie sind Zeichen für die Sünde des Menschen.
Über allem, getrennt von der Welt, schwebt Christus mit dem Schwert und der Lilie. Christus wird hier als Richter gesehen.

Die Bildhälfte „Gnade“
Der Mensch betet und schaut zu Christus.
Johannes der Täufer zeigt auf das Kreuz.
Unter dem Kreuz steht Christus, der auferstanden ist, aus dem Grab hervorkommt und Tod und Teufel aufspießt.
Sein Zeichen ist das Lamm.
Das Blut Christi spritzt auf den betenden Menschen.
Dazwischen ist die Taube als Zeichen für den Geist Gottes zu sehen. Dies bedeutet:
Christus hat sich für uns geopfert.
Sein Blut hat unsere Schuld gesühnt, wie das früher Opfertiere gemacht haben.
Im Hintergrund sieht man eine Geschichte aus dem Alten Testament:
Gott vertreibt Schlangen aus dem Lager der Israeliten;
und aus dem Neuen Testament:
Der Engel verkündet den Hirten, dass Gottes Sohn geboren wird.
Auf dem Berg steht Maria, auf die der Geist Gottes in Gestalt einer Taube zufliegt.

Hebr 9,13-14:
Denn wenn schon das Blut von Böcken und Stieren und die Asche von der Kuh durch Besprengung die Unreinen heiligt, sodass sie äußerlich rein sind, um wie viel mehr wird dann das Blut Christi, der sich selbst als Opfer ohne Fehl durch den ewigen Geist Gott dargebracht hat, unser Gewissen reinigen von den toten Werken, zu dienen dem lebendigen Gott!

Joh 1,29:
Am nächsten Tag sieht Johannes, dass Jesus zu ihm kommt, und spricht: Siehe, das ist Gottes Lamm, das der Welt Sünde trägt!

Mt 28,5–8
Aber der Engel sprach zu den Frauen: Fürchtet euch nicht! Ich weiß, dass ihr Jesus, den Gekreuzigten, sucht. Er ist nicht hier; er ist auferstanden, wie er gesagt hat. Kommt her und seht die Stätte, wo er gelegen hat; und geht eilends hin und sagt seinen Jüngern, dass er auferstanden ist von den Toten. Und siehe, er wird vor euch hingehen nach Galiläa; dort werdet ihr ihn sehen. Siehe, ich habe es euch gesagt.

☞ **Suche, wo sich die Aussagen der Bibel im Bild wiederfinden.**

☞ **Welche Rolle spielen heute Lieder und Bilder, wenn man für etwas werben möchte?**

Lukas Cranachs „Gesetz und Gnade“

Luthers Lied über seine Entdeckung

In einem Lied drückt Martin Luther seine Entdeckung aus.
Das Lied wird heute noch von Protestanten gesungen (EG 341).

2. Dem Teufel ich gefangen lag,
im Tod war ich verloren,
mein Sünd mich quälte Nacht und Tag,
darin ich war geboren.
Ich fiel auch immer tiefer drein,
es war kein Guts am Leben mein,
die Sünd hatt' mich besessen.

3. Mein guten Werk, die galten nicht,
es war mit ihn' verdorben;
der frei Will hasste Gotts Gericht,
er war zum Gutn erstorben;
die Angst mich zu verzweifeln trieb,
dass nichts denn Sterben bei mir blieb,
zur Höllen musst ich sinken.

4. Da jammert Gott in Ewigkeit
mein Elend übermaßen;
er dacht an sein Barmherzigkeit,
er wollt mir helfen lassen;
er wandt zu mir das Vaterherz,
es war bei ihm fürwahr kein Scherz,
er ließ's sein Bestes kosten.

5. Er sprach zu seinem lieben Sohn:
Die Zeit ist hier zu erbarmen;
fahr hin, meins Herzens werte Kron,
und sei das Heil dem Armen
und hilf ihm aus der Sünden Not,
erwürg für ihn den bittern Tod
und lass ihn mit dir leben.

6. Der Sohn dem Vater g'horsam ward,
er kam zu mir auf Erden
von einer Jungfrau rein und zart;
er sollt mein Bruder werden.
Gar heimlich führt er sein Gewalt,
er ging in meiner armen G'stalt,
den Teufel wollt er fangen.

7. Er sprach zu mir: Halt dich an mich,
es soll dir jetzt gelingen;
ich geb mich selber ganz für dich,
da will ich für dich ringen;
denn ich bin dein und du bist mein,
und wo ich bleib, da sollst du sein,
uns soll der Feind nicht scheiden.

8. Vergießen wird er mir mein Blut,
dazu mein Leben rauben;
das leid ich alles dir zugut,
das halt mit festem Glauben.
Den Tod verschlingt das Leben mein,
mein Unschuld trägt die Sünde dein,
da bist du selig worden.

9. Gen Himmel zu dem Vater mein
fahr ich von diesem Leben;
da will ich sein der Meister dein,
den Geist will ich dir geben,
der dich in Trübnis trösten soll
und lehren mich erkennen wohl
und in der Wahrheit leiten.

10. Was ich getan hab und gelehrt,
das sollst du tun und lehren,
damit das Reich Gotts werd gemehrt
zu Lob und seinen Ehren;
und hüt dich vor der Menschen Satz *,
davon verdirbt der edle Schatz:
das lass ich dir zur Letze.

* Satzung, Lehre

Text und Melodie: Martin Luther 1523

☞ **Zeige auf, wo sich das bisherige Leben Martin Luthers in dem Lied widerspiegelt.**

☞ **Mit welchen Farben lässt sich die Stimmung des Liedes wiedergeben?**

Die Lutherrose

Heute noch findet man auf der Lutherbibel ein Zeichen – die Lutherrose.

Sie ist das Zeichen, das Martin Luther selbst gewählt hat.
Es war ursprünglich sein Familienwappen.
Später nannte er es das „Merkzeichen seiner Theologie".
Darauf ist zu finden:

Ein schwarzes Kreuz.
Es erinnert uns an Jesu Tod.
Er ist für uns Menschen gestorben.

Ein rotes Herz.
Rot ist eine lebendige Farbe.
Sie erinnert an das Herzblut.
Woran ein Mensch sein Herz hängt,
so sagt Luther, das ist für ihn sein Gott.

Eine weiße Rose.
Die weiße Rose umgibt das rote Herz.
Weiß ist die Farbe für Gottes Geist und
seine Engel, die die Menschen begleiten.

Ein blauer Zwischenraum.
Blau ist der Himmel,
der die Welt umspannt.
Wer an Gott glaubt, ist dem Himmel nah.

Der äußere Ring ist golden.
Gold ist die Farbe für Gott.
Wie die Liebe Gottes hat der Ring
keinen Anfang und kein Ende.

Martin Luther begegnet dem Ablass

Um ihrem Mann das Fegefeuer zu erleichtern, hatte die Witwe eine Seelenmesse lesen lassen und eine Spende für den Altar der Kirche gemacht. Dann hat sie zu Johannes dem Täufer und Maria gebetet. Doch all das beruhigte sie nicht. Also ging sie auf Nummer sicher.
Ein Ablassprediger namens Tetzel kam in ihre Stadt. Er verkündete: „Wenn das Geld im Kasten klingt, die Seele aus dem Fegefeuer in den Himmel springt."
Also kaufte sie viele Ablassbriefe – für ihren Mann, ihren Großvater und für ihre Töchter. Sie wusste aber auch, dass sie selbst immer wieder etwas tat, was nicht in Ordnung ist. Damit es ihr nicht so ginge wie ihrem Mann, kaufte sie schließlich auch noch einen Ablassbrief für sich.
Sie hoffte, dass sie nun abgesichert sei und weitere Sünden begehen könne.

Eines Tages besuchte sie ihre Schwester in der Stadt Wittenberg. Sie ging, wie sie das jede Woche tat, zur Beichte. Sie traf den Priester Martin Luther.

Witwe Ehrwürdiger Vater, ich komme zur Beichte.

Luther Fangt an, ich bin bereit.

Witwe Vater, ich habe gesündigt. In der Wirtschaft habe ich oft das Bierglas nur zur Hälfte gefüllt, wenn ein Gast betrunken war. Ich habe meine Schwester belogen, als sie mich fragte, wie gut mein Geschäft läuft. Ich habe Bettler weggeschickt und habe auch einem Mönch kein Almosen gegeben.

Luther Bereust du deine Sünden?

Bist du bereit, dein Leben zu ändern und nicht mehr zu lügen?

Bist du bereit, dem Armenhospital eine Spende zu machen?

Witwe Ach wisst ihr, guter Vater. Ich glaube, das brauch ich alles nicht.

Seht her und lest diesen Zettel. Ich habe ganz schön viel Geld für den Ablassbrief hingelegt. Der wird wohl ein paar Jahre reichen.

☞ **Martin Luther hatte immer wieder solche Beichtgespräche.**
Überlege, wie das Beichtgespräch nun weitergegangen sein könnte.

Eine Ablasspredigt Johann Tetzels

Die Einnahmen aus dem Ablasshandel kamen besonders dem Bau des Petersdomes (St. Peter) in Rom und der leeren Kasse des Erzischofs Albrecht von Mainz zugute. Der Papst und der Bischof schickten einen überzeugenden Prediger, den Mönch Johann Tetzel (Bild), um den Menschen den Ablass zu predigen.
Eine seiner Predigten könnte sich so angehört haben:

„Ihr armseligen Menschen! Hört her!
Ihr steht nun hier vor mir und denkt, ich wüsste nicht, was ihr alle für Sünden begangen habt.
Da irrt ihr euch. Vor Gott bleibt nichts verborgen!
Jeder von euch hat gesündigt. Jeder von euch hat einen anderen schon belogen oder betrogen, jeder hat schon einmal die Messe geschwänzt.
Wie ist es – wart ihr immer fleißig bei der Beichte?
Und habt ihr immer alle Gebote gehalten?
Na seht ihr! Und wisst ihr, was euch nun erwartet?
Selbst wenn ihr nicht ewig in der Hölle schmoren müsst, so erwartet euch für alle eure Taten doch das Fegefeuer!
Wisst ihr, wie es sich anfühlt, wenn ihr euch am Herd verbrannt habt?
Tausendmal schlimmer wird es euch ergehen!
Jahre, Jahrhunderte oder Jahrtausende werdet ihr im Fegefeuer leiden.
Ihr werdet geröstet oder in heißes Wasser geworfen.
Ihr werdet nur noch vor Schmerzen schreien.
Aber freut euch! Ich bin gekommen, damit ihr vor dieser Strafe befreit werdet!
Seine Heiligkeit der Papst und der Erzbischof Albrecht von Mainz schicken mich.
Wenn ihr diesen Ablasszettel kauft, dann wird euch ein Teil eurer Strafe erlassen.
Ich kann eure Qualen verkürzen oder beenden.
Kein Fegefeuer, keine Strafe mehr!
Und ihr könnt sogar eure lebenden und verstorbenen Verwandten befreien!
Ob ihr oder sie Lügner, Betrüger, Diebe oder Mörder waren:
Wenn das Geld im Kasten klingt,
die Seele aus dem Fegefeuer in den Himmel springt."

☞ **Welche Hoffnung macht Tetzel den Menschen?**

☞ **Was denkst du über eine solche Predigt?**

☞ **Ein Ablassbrief (Bild) war auf Latein geschrieben. Warum wohl?**

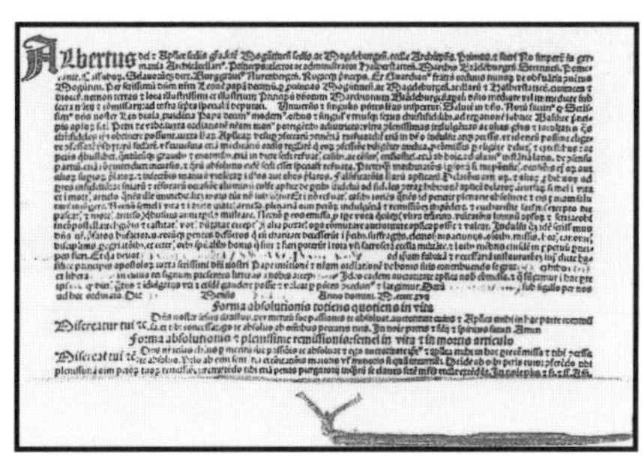

Luthers 95 Thesen

Viele Menschen sind zu Martin Luther gekommen und haben ihm gesagt, dass sie Ablassbriefe gekauft haben. Luther glaubte fest daran, dass Gott auch die Sünden vergibt, wenn einem die bösen Taten Leid tun. Zwar ist es richtig, wenn man sich bemüht, Unrecht wieder auszugleichen, aber man kann sich nicht bei Gott freikaufen. In 95 Streitsätzen – seinen 95 Thesen – führte Martin Luther aus, was er dachte.

Er soll sie am 31. Oktober 1517 an die Tür der Schlosskirche zu Wittenberg gehängt haben. Freunde ließen sie nachdrucken und so verbreiteten sie sich in Windeseile.

Darin sind folgende Aussagen zu finden:

1. Wenn unser Herr und Meister Jesus Christus sagt: Tut Buße ..., so hat er damit sagen wollen, dass das ganze Leben der Gläubigen eine Buße sein soll.
2. Der Papst will und kann keine anderen Strafen erlassen, außer denen, die er von sich aus oder nach kirchlichen Bestimmungen auferlegt hat (also keine Fegefeuerstrafen).
21. Daher irren diejenigen Ablassprediger, die sagen, dass durch des Papstes Ablass der Mensch von jeder Strafe los und selig wird.
27. Menschenlehre predigen die, die da sagen, dass, sobald das Geld im Kasten klingt, die Seele vom Fegefeuer zum Himmel fahre.
36. Jeder wahrhaft reuige Christ hat volle Vergebung von Strafe und Schuld, die ihm auch ohne Ablass gebührt.
43. Man soll die Christen lehren, dass, wer dem Armen gibt und dem Bedürftigen leiht, besser handelt, als wer Ablass kauft.
62. Der wahre Schatz der Kirche ist das allerheiligste Evangelium von der Herrlichkeit und der Gnade Gottes.
82. Warum baut der Papst, dessen Vermögen größer ist als des Allerreichsten, wenigstens die Peterskirche nicht von seinem eigenen Geld als von dem der armen Gläubigen?

☞ **Welche Kritik übt Luther an der Kirche?**

☞ **Was denkst du, welche Wirkung wohl die Thesen auf die Menschen hatten?**

Martin Luther schreibt an den Erzbischof Albrecht von Mainz

aus: Bilderatlas zur Deutschen Geschichte, Dr. Paul Knötel, Verlag von Velhagen & Klasing, Bielefeld und Leipzig 1895

Wegen seiner Schulden war Albrecht (Bild) an dem Ablasshandel interessiert. Um beim Papst das Bistum Mainz zu kaufen, musste er bei dem Bankhaus Fugger eine große Geldsumme aufnehmen.
Die Schulden wollte er jetzt mithilfe eines Teils des Geldes aus dem Ablasshandel bezahlen.

Am Abend des 31. Oktober 1517 schrieb Martin Luther folgenden Brief.

Hochwürdigster Vater in Christo, durchlauchtigster Kurfürst!

Im Land geht ein päpstlicher Ablassprediger um, der für St. Peter in Rom sammelt. Das Problem ist: Unglückliche Seelen glauben ihm, dass sie, wenn sie Ablassbriefe kaufen, aus dem Fegefeuer kommen und selig sind.
Keine Sünde könnte so groß sein, dass der Ablass nicht das bereinigen könnte.
Ich kann nicht mehr schweigen. Nirgends hat Christus einen solchen Ablass befohlen. Vor lauter Lärm um den Ablass geht die Frohe Botschaft verloren, das Evangelium, dass Gott die Menschen ohne eigenes Zutun liebt.

Die Anweisung, den Ablass so zu predigen, ist sicher ohne Euer Wissen geschehen. Ich bitte Euch daher, den Predigern eine andere Predigtanweisung zu geben.

Seht Euch auch meine Streitsätze an, die ich geschrieben habe. Ich hoffe, sie bilden eine gute Grundlage für das Gespräch.

Euer unwürdiger Sohn,

Martinus Luther, Augustiner,
berufener Doktor der Theologie

☞ **Warum schreibt Luther wohl dem Erzbischof?**

☞ **Was beanstandet er am Ablasswesen? Welche Gründe nennt er?**

☞ **Wie wird wohl Albrecht auf diesen Brief reagiert haben?**

Martin Luther im Streit mit der Kirche

Martin Luther sollte seine Thesen widerrufen. Er traf sich 1519 mit dem Theologen Johannes Eck und stritt mit ihm darüber in der so genannten „Leipziger Disputation“. Beide legen am Ende einen Bericht vor.

Ich sage, es ist nicht notwendig zu glauben, dass die römische Kirche höher sei als andere. Viele griechische Bischöfe sind auch selig geworden ohne den Papst.
Auch kann der Papst nicht die Heiligen vom Himmel runterstoßen. Die haben niemals unter der Macht des Papstes gestanden.
Kein gläubiger Christ kann gezwungen werden, etwas zu glauben, das nicht in der Bibel steht.
Auch ein Konzil kann irren. Dies ist schon passiert, denn es haben sich Konzilien auch schon widersprochen.

Luther hat ärgerliche und ungereimte Dinge gesagt. Ich halte dagegen:

Die Kirche darf von Gott her Gehorsam beanspruchen.
Die Kirche ist auf Petrus gebaut und deshalb ist der Nachfolger des Petrus, der Papst, der wichtigste Mensch.
Der Einzelne kann nicht gegen die Obrigkeit aufbegehren.
Die Bibel steht neben dem, was die Päpste und Konzilien festgelegt haben.
Der Papst und die Konzilien können in Fragen des Glaubens nicht irren.

☞ **Fasse zusammen, worin sich beide in folgenden Punkten unterscheiden:**
1. **über den Vorrang der römischen Kirche**
2. **über den Papst**
3. **über die Bedeutung der Bibel**
4. **über Konzilien (Treffen von Kirchenfürsten)**

Am Ende schrieb der Papst an Luther einen Brief. Er nannte Luther ein „Wildschwein aus dem Wald“, verbot ihm zu predigen und drohte den „Kirchenbann“ an, wenn er nicht in 60 Tagen widerriefe. Damit wäre er aus der Kirche ausgeschlossen. Luther reagierte auf seine Weise: Er verbrannte 1520 diesen Brief. 1521 wurde er aus der Kirche ausgeschlossen.

☞ **Was könnte es damals bedeutet haben, wenn einer aus der Kirche ausgeschlossen wurde?**

Flugblätter erzählen eine Geschichte

Viele Menschen konnten nicht lesen. Aber auch sie sollten verstehen, worum es Martin Luther und der Reformation ging. Das Bild unten wurde vielfach gedruckt. Es erzählte den Menschen folgende Geschichte:

Martin Luther ist die Nachtigall auf dem Baum.
Sie verkündet den Aufgang der Sonne = die Entdeckung, dass Gott uns liebt.
Der Mond verschwindet = die alte Lehre, die von Menschen gemacht ist.
Der Löwe = der Papst Leo; die Wölfe = Bischöfe und Äbte; die Schlangen = Mönche.
Sie bedrohen die Schafe = die gläubige Gemeinde.
Die Glaubenden schauen aber zur Nachtigall.
Im Hintergrund ist das Lamm mit dem Kreuz = Jesus.
Um ihn scharen sich die Schafe.

☞ **Warum verwendet der Künstler Tiere als Zeichen für Menschen?**

Martin Luther auf dem Reichstag zu Worms 1521

Martin Luther wurde vom Kaiser nach Worms eingeladen.
Dort auf dem Reichstag trafen sich alle Fürsten und Bürgermeister der großen Städte, um über Probleme im Reich zu sprechen.
Luther wurde zugesichert, dass er frei nach Worms fahren und wieder abreisen durfte.
21 Tage sollte ihm Schutz gewährt werden.
Von seinen Freunden wurde er gewarnt. Schon früher waren Menschen verbrannt worden, weil sie den Mut hatten, etwas gegen die Kirche zu sagen. Auch sie hatten auf die Zusage der Mächtigen vertraut, dass ihnen nichts geschehen würde.
Martin Luther ging trotzdem nach Worms.
Auf dem Reichstag soll er das, was er über die Kirche, den Ablass und das Fegefeuer gesagt und geschrieben hat, zurücknehmen.
Nach einer Bedenkzeit gab er zu, dass er manchmal zu heftig reagiert.

Aber Martin Luther antwortet auch:

**„Wenn ich nicht durch die Bibel oder mit vernünftigen Gründen überzeugt werde, dann kann ich nichts zurücknehmen. Ich kann nichts gegen mein Gewissen tun.
Hier stehe ich, ich kann nicht anders.
Gott helfe mir. Amen."**

☞ **Worauf beruft sich Martin Luther bei seiner Haltung?**

☞ **Eine solche Haltung galt damals als ungeheuerlich. Warum wohl?**

Das Urteil des Kaisers

Luther durfte die Verhandlung verlassen. Doch Kaiser Karl V. zögerte nicht lange.
Er sprach das Urteil:

Der Römischen kaiserlichen Maiestat
Edict wider Martin Luthers Bücher vnd leere seine anhenger
Enthalter vnd nachfolger/vnd etlich ander schmeliche schrifften. Auch gesatz der Truckerey.

Wir Karl der fünfft von gottes gnaden. Erwelter Römischer Keiser zů allen zeite. Merer des Reichs. &c. In Germanien/ zů Hispanien/ bei der Sicilien/ Jherůsalem/ Hungern/ Dalmacien/ Croacien. &c. Künig/ Ertzhertzog zů Osterreich/ Hertzog zů Burgůndi. &c. Graff zů Habspurg/ Flandern vnd Tyrol. &c. Entbieden allen vnd ietlichen Churfürsten/ Fürsten/ Geistliche vnd weltlichen/ Prelaten/ Graffen/ Freien Herren/ Rittern/ Knechten/ Hauptlüten/ Landtfögten/ Vitzthumben/ Vögten/ Pflegern/ Verwesern/ Landtrichtern/ Schultheissen/ Schöffen/ Burgermeistern/ Richtern/ Röten/ Burgern/ vnd gemeinden. Auch Rectorn vñ Regenten aller gemeinē vniversitetē/ vñ sunst allen andern vnsern vnd des Reichs/ auch vnsern erblichen Fürstēthům vnd land vnderthonē vnd getrüwē/ in was wirde/ stat/ oder wesens die sein/ den diser vnser Keiserlicher brieff od glaublich abschrifft/ die durch ein geistlichen Prelaten od offenbarn Notari/ verfertigt ist/ davō fürkumpt od gezögt würt vnser genad vñ alles gůt. Hochwirdigē vnd erwirdigen/ hochgebornē/ wolgebornē/ ersamen vñ Edlen/ liebē fründ Neuen/ Oheimen/ Churfürsten/ Fürsten/ Andechtigen vnd getrüwen.

Er erklärte, dass Martin Luther nun im ganzen deutschen Reich ein „Geächteter" sei.
Luther war nun „vogelfrei" – Jeder durfte ihn töten.
Wer ihm half, dem würde es ebenso gehen. Weiter befahl er allen seinen Untertanen ...

„... dass ihr Martin Luther nicht beherbergt, nährt und tränkt, sondern ihn gefangen nehmt und uns wohlbehalten zusendet...
Desgleichen gebieten wir allen Richtern, dass sie die Schriften, Bücher, Zettel Luthers im ganzen Reich einsammeln, zerreißen und mit öffentlichem Feuer verbrennen ..."

☞ **Was sollte wohl durch diese Anordnung erreicht werden?**

☞ **Sprecht miteinander darüber, wie ihr Martin Luthers Verhalten einschätzt. Versucht dieses Verhalten von zwei Seiten aus zu beurteilen.**

WORMSER TAGEBLATT

abhängig und parteilich

19. April
anno domini 1521

☞ **Schreibt einen Artikel zu den Ereignissen auf dem Wormser Reichstag.**

Luther auf der Wartburg

Um Mördern aus dem Weg zu gehen, ließ der Landesfürst von Martin Luther, den man „Friedrich den Weisen“ nannte, ihn entführen.

Martin Luther lebte für einige Zeit versteckt auf der Wartburg im Thüringer Wald. Es ließ sich einen Bart und die Haare wachsen, so dass ihn niemand so leicht erkennen konnte.
In dieser Zeit nannte er sich „Junker Jörg“.

Endlich hatte er Zeit, etwas zu tun, was ihm schon lange am Herzen lag: Er übersetzte das Neue Testament aus dem Griechischen. Elf Wochen brauchte er für diese Arbeit.
Das heißt: Er schaffte zehn Seiten pro Tag.

Im September 1522 wurde das Buch gedruckt (Bild rechts).
Schnell war es ausverkauft und musste nachgedruckt werden.

Es dauerte aber bis 1534, bis die gesamte Bibelübersetzung vorlag.
Die Bibel Martin Luthers wurde in ganz Deutschland gelesen.
Überall schrieb man noch im eigenen Dialekt. Eine „hochdeutsche“ Schriftsprache gab es noch nicht.

Bald wurde die Sprache Martin Luthers überall in Deutschland bekannt.
Sie gilt heute als Grund, warum das „Hochdeutsche“ die Einheitssprache in Deutschland wurde.

☞ **Später hat man sich Martin Luthers Bibelübersetzung so vorgestellt wie auf dem Bild. Überlege, welche Bedeutung hier die Taube und der Engel haben.**

Martin Luthers Bibelübersetzung

Bis Martin Luther wurde fast ausschließlich die lateinische Bibel verwendet. Sie wurde „Vulgata“ genannt.

Schon vor Luther gab es aber schon 14 vollständige Übersetzungen. Doch die waren schwer zu lesen und nicht gut übersetzt.

Martin Luther wollte besser verstehen, was die Bibel uns sagen will. So nahm er die Ursprachen Hebräisch und Griechisch zur Grundlage seiner Übersetzung.

Luther wollte, dass alle Menschen selbst in der Bibel lesen können. Daher übersetzte er 1522 auf der Wartburg das Neue Testament in die deutsche Sprache.

In den Jahren zwischen 1522 bis 1534 übersetzte Luther das Alte Testament ins Deutsche. Das fiel ihm oft schwer. Manchmal brauchte er Wochen, um drei Zeilen zu übersetzen. Doch zum Glück hatte er Freunde, die ihm halfen, die hebräische Sprache zu verstehen (Bild).

Wie seine Übersetzung aussah, zeigt sich im Vergleich mit einer der ersten Bibelübersetzungen aus dem Jahr 1466. Der Text ist der Psalm 23:

Mentelin-Bibel 1466:

Der Herr, der richt´ mich und
mir gebrast nit,
und an der Statt der Weide,
do satzt´ er mich.
Er fuort mich ob dem Wasser
der Widerbringung,
er bekehrt´ mein Seel.
Er fuort mich
aus auf die Steig der Gerechtigkeit
um seinen Namen.

Luther-Bibel 1534:

Der Herr ist mein Hirte,
mir wird nichts mangeln.
Er weidet mich auf einer grünen Auen und führet mich
zum frischen Wasser.
Er erquicket meine Seele, er
führt mich auf rechter Straße,
um seines Namens willen.

☞ **Vergleiche die beiden Bibelübersetzungen.**

☞ **Warum wollte Martin Luther, dass jeder die Bibel selbst lesen und verstehen konnte?**

Ärger in Wittenberg

Die Reformation ging in Wittenberg auch ohne Luther weiter.
Doch nicht so, wie er sich das vorstellte.
Er erfährt davon von einem Freund auf der Wartburg:

Kastellan Dr. Martinus, seid gegrüßt. Ich komme leider mit schlechten Nachrichten aus Wittenberg.

Luther Was ist los? Gibt es Krieg? Sind die Bürger wieder römisch geworden?

Kastellan Nein, es sind unsere Leute, die Ärger machen. Aufruhr und Unruhe gibt es.

Sie verjagen die Priester, Heiligenbilder und Altäre werden zerschlagen.

Die Kirchen bleiben geschlossen und nur noch am Sonntag wird Gottesdienst gefeiert. Dein Freund Karlstadt hält Gottesdienste ohne sein Priestergewand. Das Kloster leert sich. Die Mönche heiraten und gehen normalen Berufen nach.

Und dann kamen noch Prediger aus Zwickau. Die sagen: Das Ende der Welt ist herbeigekommen. Deshalb soll man alle Priester und Fürsten totschlagen. Die Schule und das Lernen seien überflüssig. Sogar in die Bibel bräuchten wir nicht mehr hineinsehen.

Luther Das hört sich ja gar nicht gut an. Ich muss sofort nach Wittenberg.

Kastellan Aber Dr. Luther, denkt daran, dass ihr vogelfrei seid.

Luther Ihr habt Recht. Ich werde einen Brief an meinen Fürsten schreiben.

Aber nach Wittenberg muss ich. Sonst ist alles, was ich bisher getan habe, umsonst.

☞ **Stell dir vor, du würdest damals bei einer Wittenberger Zeitung arbeiten. Welche Schlagzeilen könnten wohl geschrieben werden?**

☞ **Wie kommt Martin Luther zu der Auffassung, dass alles umsonst war, wenn er nicht selbst die Sache in die Hand nimmt?**

Martin Luther und die Freiheit

Die Reformation brachte mit sich: Menschen fühlten sich freier als zuvor.
Dies brachte besonders auch die unterdrückten Bauern dazu, sich über ihre Freiheit Gedanken zu machen.

Martin Luther galt für die Bauern als Freiheitsheld.
Er hat sich gegen die Kirche und den Papst gestellt. Er hat dem Kaiser widerstanden.
Er hat eine Schrift geschrieben, die in aller Munde ist:
„Von der Freiheit eines Christenmenschen.“ Darin schrieb er:

Der Christenmensch ist ein freier Herr in allen Dingen und niemandem untertan. Ein Christenmensch ist ein dienstbarer Knecht aller Dinge und jedermann untertan.

Damit meinte er: Der Christ und sein Gewissen hat von Gott Freiheit geschenkt bekommen. Er ist vor Gott frei. Aber das bedeutet auch: Wenn man ein Geschenk bekommt, dann kann man auch frei dem anderen dienen.

Viele Bauern lasen nur den ersten Satz. Andere Reformatoren wie Thomas Müntzer war Luther zu zahm. Sie nährten ihre Hoffnung, dass bald auch die Herrschaft der Adeligen und der Fürsten ein Ende findet.

So kam es ab 1524 zu Aufständen und schließlich zum Bauernkrieg. Die Bauern verfassten eine Schrift (Bild), in der sie forderten:

- freie Predigt der biblischen Botschaft
- Wegfall des Zehnten (der Abgabe der Bauern)
- Wahl des Pfarrers durch die Gemeinde
- freie Jagd und Fischerei

☞ **Welche Forderungen waren wohl auch die der Reformatoren?**

Martin Luther antwortete auf den Bauernkrieg mit seiner Schrift „Wider die räuberischen und mörderischen Rotten der Bauern“.
Er unterstützte die Fürsten, die gegen die Bauern zogen.
70000 Bauern und ihre Helfer waren am Ende tot.
Auch Thomas Müntzer (Bild) wurde hingerichtet.

☞ **Was versteht wohl Martin Luther unter Freiheit, was verstehen die Bauern darunter?**

Die Reformation geht weiter

Eigentlich sollte das Urteil des Kaisers auf dem Reichstag in Worms das Ende der Reformation bedeuten. Aber es kam anders.

- Überall, auch in Herbergen und Wirtshäusern, wurde von der Reformation und der Entdeckung Martin Luthers erzählt.
- Flugblätter, Lieder und Bilder verbreiteten die neuen Gedanken.
- Viele Fürsten und Reichsstädte schlossen sich der Bewegung an.
- Immer mehr Priester und Mönche entdeckten, dass die Bibel wichtiger ist als kirchliche Anordnungen und Befehle. Sie wurden zu Pfarrern der neuen Kirche der Reformation.

In ganz Deutschland, in Holland, Dänemark, Schweden, Tirol und Ungarn verbreiteten sich die Gedanken der Reformation in Windeseile. Andere Reformatoren trugen zur Verbreitung der Gedanken bei. Einige davon sind:

- Huldreich Zwingli in der Schweiz
- Johannes Brenz in Württemberg
- Johann Bugenhagen in Norddeutschland und Dänemark
- Georg Spalatin in Sachsen
- Andreas Osiander in Nürnberg
- Martin Butzer in der Pfalz, im Elsass und später auch in England.
  Er gilt als Erfinder des Konfirmandenunterrichts.
- Philipp Melanchthon, der Freund Martin Luthers, trat überall im deutschsprachigen Raum auf.
- Johannes Calvin in Genf, der Schweiz. Seine Gedanken verbreiteten sich als „Calvinismus" auch in Holland, Schottland, Frankreich und Amerika.

Und der Kaiser? Der hatte große Probleme. Er musste Kriege führen ...

- **gegen die Türken:**
  Die Türken eroberten in kurzer Zeit ganz Osteuropa.
  Sie rückten bis nach Ungarn vor und belagerten im Jahre 1529 sogar Wien. Auch im Mittelmeer bedrohten türkische Schiffe die Handelsschiffe des Kaisers. Es ging eine große Angst um, dass ganz Europa von den Türken überrannt würde.

- **gegen Frankreich und den Papst:**
  Ein anderer Feind des Kaisers war der französische König.
  Man trug den Streit in Norditalien aus.
  Seit vielen Jahrhunderten herrschten die deutschen Kaiser über Norditalien.
  Nun musste der Kaiser dort gegen die Franzosen um seinen Besitz kämpfen.
  Die Franzosen verbündeten sich mit dem Papst, der in Italien große Ländereien besaß. So musste der Kaiser auch gegen den Papst kämpfen, den er eigentlich in Fragen des Glaubens gegen Luther unterstützte.

☞ **Welche Auswirkung hatten diese Kriege auf die Ausbreitung der Reformation?**

Philipp Melanchthon

Im Jahre 1497 wurde in Bretten in der Kurpfalz Philipp Schwarzerdt geboren. Damals war es schick, den deutschen Namen ins Lateinische oder Griechische zu übersetzen. Das klang besser. So hieß Philipp bald Melanchthon (griechisch: schwarze Erde).

Schon früh entdeckte sein Großonkel, Johannes Reuchlin, sein Talent. Er zog mit elf Jahren ohne Eltern nach Pforzheim, um die weiterführende Schule besuchen zu können. Mit zwölf Jahren war er Student in Heidelberg und mit 21 Jahren wurde er Professor für Griechisch in Wittenberg.

In Wittenberg war Martin Luther von Melanchthon begeistert. Er nannte ihn „Graeculus“, kleiner Grieche. Aber schon früh machte er sich auch über die Reformation Gedanken. Luther hatte er schon 1518 in Heidelberg kennen gelernt. Als er nach Wittenberg kam, verfasste er eine Zusammenfassung der Lehre der Reformation, die „Loci communes“.

Da Melanchthon auch hervorragend Hebräisch konnte, unterstützte er Luther bei der Übersetzung der ganzen Bibel. Ohne ihn hätte Luther es wohl nicht so gut geschafft.

Er bemühte sich um Kirchenordnungen. Wer die Reformation einführte, der brauchte eine Regelung, wie man eine Kirche organisiert. Melanchthon reiste viel herum und half den Städten und Herrschern bei dieser Aufgabe.

„Praeceptor Germaniae“ – „Lehrer Deutschlands“, wird er bis heute genannt.
Er schrieb viele Schulbücher, theologische Bücher und Kommentare zur Bibel.
Er schrieb Lehrpläne, damit Lehrer auch wussten, was sie zu unterrichten haben.
Er forderte die Städte auf, Schulen zu gründen.

☞ **Warum war es aus Sicht der Reformation wichtig, dass Schulen gegründet wurden?**

Sein großer Auftritt war 1530 auf dem Augsburger Reichstag. Weil Luther vogelfrei war, musste Melanchthon die Glaubensauffassung, das „Augsburger Bekenntnis“, dem Kaiser vortragen.

Hier zeigte sich: Melanchthon kam es auf die Punkte an, die eine Übereinstimmung mit der katholischen Kirche zeigten. Er wollte eine Einigung, keine Spaltung der Kirche. Auch bei späteren Religionsgesprächen wollte er eine Einigung. Doch die römisch-katholische Kirche zeigte keinen Willen zur Änderung ihrer Haltung.

Melanchthon starb 1560 in Wittenberg und wurde neben Luther beigesetzt.

Die Reformation Huldreich Zwinglis

Zur gleichen Zeit wie Luther begann Huldreich Zwingli (1484-1531) in Zürich seine Reformation.

Radikaler als Martin Luther ging er ab 1521 gegen alles vor, was er nicht in der Bibel fand. Dies waren:

- Verehrung von Bildern, Reliquien und Heiligen
- Prozessionen
- Zölibat
- Fasten
- Klöster
- Firmung
- Ohrenbeichte

Zwingli heiratete bevor Luther heiratete (1522). Vor Luther stellte er seine Grundlagen für einen Unterricht für Kinder fertig. Was Luther besonders ärgerte war, dass Zwingli mit der Übersetzung der ganzen Bibel vor ihm fertig war (1531).

Berühmt wurde Zwingli durch seinen **Streit mit Martin Luther um das Abendmahl.**

In Marburg trafen sich 1529 die beiden Reformatoren. Auch Melanchthon, Butzer und andere waren da. Es ging um die Frage: Was bedeutet der biblische Spruch „Dies ist mein Leib, dies ist mein Blut“?

Zwingli meinte, es bedeutet: „Brot und Wein sind nur Zeichen dafür. Wir feiern das Abendmahl, weil wir uns an das Abendmahl von damals erinnern.“

Luther soll zum Gespräch gekommen sein und auf den Tisch geschrieben haben „est = ist“ (Bild). Das bedeutet: Luther glaubte, dass Jesus beim Abendmahl auch mit seinem Leib und seinem Blut anwesend ist. Zwischen den Anhängern Luthers und Zwinglis gab es keine Einigung.

☞ **Was denkst du über das Abendmahl?**

Im Jahr 1531 starb Zwingli auf dem Schlachtfeld bei einem Kampf gegen katholische Truppen. Später einigten sich die Richtungen der Evangelischen in der Schweiz und nennen sich bis heute **„Reformierte“**.

Die Reformation Johannes Calvins

Johannes Calvin (1509–1564) war ein Reformator, der erst nach der ersten Phase der Reformation auftrat. Er studierte die Schriften Martin Luthers, war aber als Schweizer auch mit den Gedanken Zwinglis vertraut. Ihn beschäftigten besonders folgende Fragen:

Wie können wir Menschen unser Leben so gestalten, dass wir Gottes Willen folgen?
Wie kann man eine Gemeinde so aufbauen, dass sie Gottes Willen entspricht?

In Genf wurde er um 1536 von dem Stadtpfarrer Wilhelm Farell eingeladen zu bleiben. Er sollte in der Stadt seine Gedanken in die Tat umsetzen.
Folgende Regeln wurden beispielsweise aufgestellt:

- Wer lügt, verleumdet, andere beleidigt, unbesonnen ist, geizig ist oder unbeherrscht seinen Zorn herauslässt, der soll vor die Ältesten (Gemeindevorstand) geladen werden. Die sollen ihn ermahnen. Wenn dies auf Dauer nichts nützt, soll er vom Abendmahl ausgeschlossen werden.
- Wenn einer ein Verbrechen begangen hat, wie Auflehnung gegen die Kirchenordnung, Gotteslästerung, Meineid, Hurerei, Trunksucht, Dieberei, Tanz und ähnliche Ausschweifungen, zieht dies eine gerichtliche Strafe nach sich.

☞ **Überlegt miteinander – was bewirken diese Regeln?**

Viele Menschen wurden weltweit zu Anhängern Calvins und der Schweizer Reformation. Sie werden auch „Reformierte" genannt. Kennzeichen von ihnen sind:

- Kirchen sind schmucklos, ohne Bilder und Altar. Oft sind die Bänke so angeordnet, dass man nahe an der Kanzel sitzt. Die Predigt ist das Wichtigste in einem Gottesdienst der Reformierten.

- Das Abendmahl wird nur in Erinnerung an Jesus gefeiert. Deshalb spielt es keine große Rolle und wird nur selten gefeiert. Statt Oblaten gibt es einfaches Weißbrot.

☞ **Was bedeutet es, dass in reformierten Kirchen kaum Bilder oder Schmuck zu finden sind?**

Reformation in den Regionen

am Beispiel Pfalz

Schon früh begann in der Pfalz die Reformation, auch wenn die großen Territorien „Kurpfalz“, „Pfalz-Zweibrücken“ und Städte wie Speyer erst später zur Reformation fanden.

Martin Luther trat an der kurpfälzischen Universität Heidelberg im Jahr 1518 auf. Dort diskutierte er mit Studenten über seine neue Lehre. Viele waren begeistert und wurden seine Anhänger. So kam es, dass besonders auch Studenten aus der Region der Reformation folgten.

Der erste weltliche Herrscher, der die Einführung der Reformation in der Region ermöglichte, war der Reichsritter Franz von Sickingen (1481–1523, Bild). Er trat um 1520 zur Reformation über. Zwischen 1520 und 1523 bot seine Ebernburg (Bild) evangelischen Theologen Zuflucht.

Vergeblich versuchte von Sickingen, Martin Luther an dessen gefährlicher Weiterreise zum Wormser Reichstag von 1521 zu hindern. Er wollte ihn stattdessen auf seine Ebernburg holen.

Ostern 1522 wurde auf der Ebernburg, der „Herberge der Gerechtigkeit“, der erste lutherische Abendmahlsgottesdienst der heutigen Pfalz gefeiert. Der Gottesdienst fand in deutscher Sprache statt. Die Gemeinde bekam Brot und Wein. **Johannes Ökolampad** war als Kaplan auf der Burg. Weil er sich der Reformation anschloss, musste er zuvor aus Augsburg fliehen. Später ging er nach Basel und führte dort die Reformation ein.

Martin Butzer war der erste evangelische Pfarrer in der Pfalz. Er versuchte im Namen Sickingens Luther vom Gang nach Worms aufzuhalten. In Landstuhl bei Kaiserslautern entstand um 1522 die erste evangelische Gemeinde der Pfalz.
Martin Butzer ging später nach Straßburg, das er zu einer evangelischen Stadt machte. Dort „erfand“ er die Konfirmation.
Am Ende seines Lebens unterstützte er die englische Kirche bei ihrer Umgestaltung. In England wird er heute noch sehr geschätzt.

Landau wurde 1526 evangelisch. In diesem Jahr entstand ein Katechismus für Jugendliche, das „Gesprächsbüchlein“. **Johannes Bader**, der Reformator Landaus, hat es verfasst.

Das Herzogtum Pfalz-Zweibrücken trat in weiten Teilen um 1533 zur Reformation über. Reformator war Johannes Schwebel (1490–1540), der seit 1523 Hofprediger beim Herzog war. Schwebel starb 1540 wohl an der Pest. Von ihm ist nur seine Grabplatte in der Alexanderskirche in Zweibrücken erhalten.

Michael Diller gilt als Reformator Speyers. Obwohl in der Reichsstadt viele Evangelische lebten, wagte der Stadtrat erst um 1540 zur Reformation überzutreten.

Das flächenmäßig größte Territorium der Pfalz war die Kurpfalz. Ihre Hauptstadt war Heidelberg. Ab 1546 trat die Kurpfalz zur Reformation über. Aber erst Kurfürst Ottheinrich (Bild) vollendete um 1556 den Übertritt.

Ende des 16. Jahrhunderts war fast die gesamte Pfalz protestantisch.

Die Grafschaften und Fürstentümer gehörten den unterschiedlichen Glaubensrichtungen an: Den „Lutheranern“ (gepunktete Felder) und den Anhängern Calvins, den „Reformierten“ (Felder mit Querlinien).

Zur katholischen Kirche (schwarz) gehörten nur noch wenige Gebiete rund um Speyer.

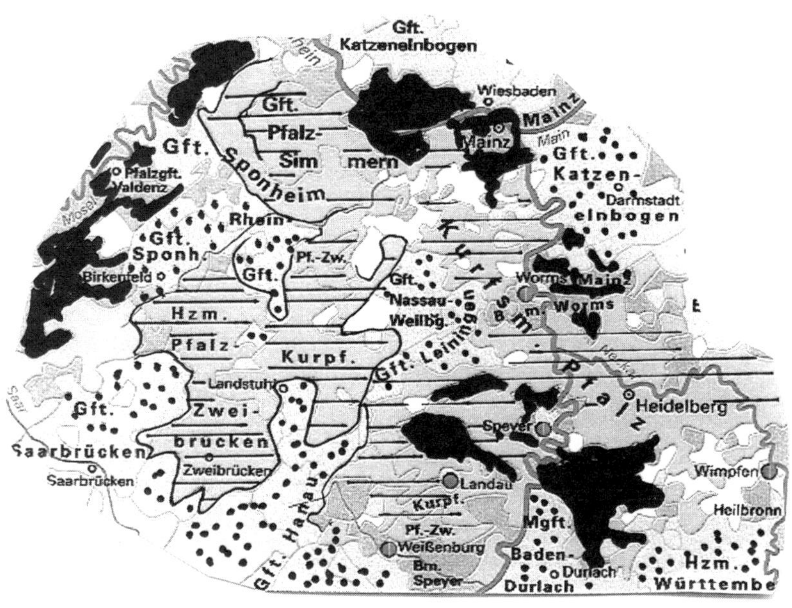

☞ **In vielen Regionen Deutschlands fand ein ähnlich langer Prozess statt, bis die Reformation sich durchgesetzt hat. Erkundigt euch darüber. In einem Geschichtsatlas findet man Hinweise.**

Die Reformation verändert die Kirche (I)

Folgenden Brief hatte Martin Luther erhalten:

Ehrwürdiger Doktor Martinus Luther,

ich schreibe Euch in großer Sorge. Wir haben einen Pfarrer, doch der gibt sich keine Mühe. Beim Predigen sagt er immer dasselbe. Das Vaterunser kann er schon, aber mehr nicht. Er hat halt nicht studiert.

Außerdem behandelt er seine Gemeinde, als wäre er der Papst persönlich. Eine Gemeindeversammlung will er nicht und er lässt gute Vorschläge nicht gelten. Außerdem verwendet er die Einnahmen des Ackers, der der Kirche gehört, um allen Dienstmägden im Ort den Hof zu machen.

Was sollen wir tun? Soll das also unsere neue Kirche sein?

Johann Faber, Ratsherr

☞ **Der Brief erwähnt zahlreiche Missstände.**
Worauf wird wohl in der Zukunft zu achten sein?

Ein anderer Missstand lag Luther besonders am Herzen.
Er sah mit Sorge, wie die Kirche aufgebaut war:

An der Spitze der Papst,

die Kardinäle und Bischöfe,

die Priester und Mönche.

Sie alle galten als höherwertige Menschen.

Getrennt wie durch eine geistige Mauer lebten die übrigen Menschen.

Sie hatten in der Kirche nichts zu sagen.
Sie durften die Bibel nicht lesen.
Sie mussten Gehorsam leisten.

Die Reformation verändert die Kirche (II)

In der Bibel fand Luther ein anderes Bild von Kirche im Brief des Paulus an die Gemeinde in Korinth. Darin stand:

Liebe Gemeinde von Korinth,

ich habe gehört, dass es bei euch Ärger gibt. Einige wollen die anderen rumkommandieren und ihnen vorschreiben, was sie tun sollen.

Eine Gemeinde ist aber wie ein Körper. Es gibt viele Teile und alle sind verschieden.
Ob Hand, ob Fuß, ob Mund, ob Ohr: Jeder Körperteil hat seine Aufgabe.
Sagt etwa das Auge zum Ohr: Ich bin wichtiger als du? Oder die Hand zum Fuß?
Sie wissen: Alle sind wichtig und aufeinander angewiesen, mit Stärken und Schwächen.
Also: Versucht in eurer Gemeinde euch so zu einigen, dass keiner über oder unter dem anderen steht.

Es grüßt Euch herzlich
euer Paulus.

Das klingt ja gut, was in der Bibel da so alles steht.
Also – wir müssen von vorne anfangen und die Kirche neu organisieren. Es gibt nicht mehr einen Priester, der über allen steht. Alle Gläubigen sollen „Priester“ sein.

☞ **Was könnte Luther mit dem Satz meinen, dass alle „Priester“ sein sollen?**

☞ **Wie müsste eine Kirche geordnet sein, damit sie der Bibel gerecht wird?**

Die Reformation verändert die Gesellschaft

Aus dem Glauben erwächst die Nächstenliebe

Vor seiner Entdeckung hat Luther versucht, sich den Weg zum Himmel alleine zu verdienen.

Ihm ging es, als er als Mönch Kranke pflegte oder Menschen half, weniger um das Miteinander.
Es ging ihm um seinen Platz im Himmel.
So dachten viele Menschen.
Wer aber nur darauf schaut,
sich seinen Platz im Himmel zu sichern,
der sieht nicht den Nächsten.
Wer so denkt, der dreht sich eigentlich
nur um sich selbst.

Luther wollte, dass Christen die Liebe Gottes, die sie selbst erfahren, auch an andere weitergeben.

Er sagte:
Aus dem Glauben heraus
kommt die Nächstenliebe.
Jeder Christ soll die Nächstenliebe
als wichtige Aufgabe wahrnehmen.

Damit das Miteinander in den Gegenden, in denen die Reformation eingezogen ist, besser wurde, sollte Folgendes geschehen:

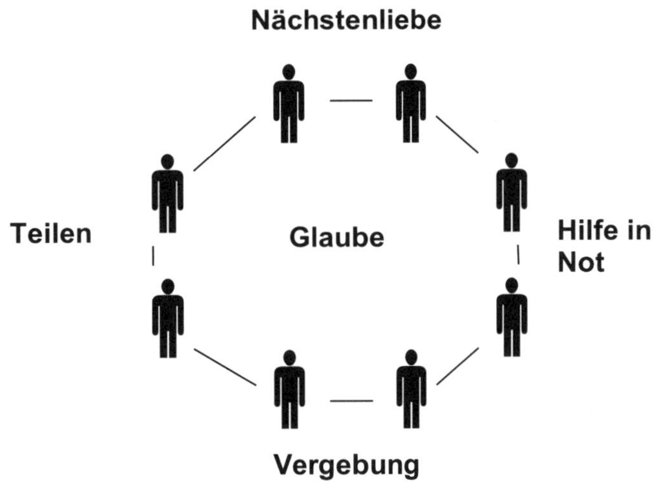

- Es sollte eine Kasse für die Armen, Kranken und Bedürftigen in der Gemeinde entstehen (Bild).
- Man sollte sich überlegen, wie man Hilfsbedürftige ausfindig machen und wie man ihnen helfen kann.
- „Armenpfleger“ sollten von den Gemeinden gewählt werden.
- Handwerkern oder Bauern, die in Not geraten waren, sollte ein Darlehen gewährt werden.
- Gefangene sollten im Gefängnis besucht werden.

☞ **Erkundige dich, was aus diesem Vorhaben geworden ist.**
Heute nennt man dies Diakonie.

Die Reformation verändert die Gesellschaft

Schule und Bildung

Auch weitere Veränderungen versuchten Martin Luther und die Reformatoren durchzusetzen. Sie wollten haben, dass die Menschen mitdenken und selbst die Bibel lesen. Daher rief Luther die Ratsherren der Städte auf:

> Ich bitte euch: Wenn ihr keine willenlosen Knechte haben wollt, dann müsst ihr dafür sorgen, dass alle eine Schule besuchen können.
> Stellt geschickte Männer als Schulmeister ein und sorgt dafür, dass auch die armen Kinder zur Schule gehen können.

Überall entstanden in den Gebieten der Reformation Schulen.

Martin Luthers Freund Philipp Melanchthon reiste viel herum und beriet Ratsherren und Fürsten, wie sie Schulen einrichten und welche Bücher man verwenden konnte.
Es entstanden Lehrpläne, die festlegten, was alles unterrichtet werden soll, und es entstanden Lehrbücher. Besonders wichtig waren die „Katechismen". Dort standen Fragen und Antworten zum neuen Glauben drin.

Der erste Katechismus für die Jugend war im Jahre 1526 das „Gesprächsbüchlein" von Johannes Bader aus Landau in der Pfalz.

Der wichtigste Katechismus wird in dieser Zeit der „Kleine Katechismus" von Martin Luther aus dem Jahr 1529.

Damit man auch in der Gemeinde mitreden und mitbestimmen konnte, wurden später von Martin Butzer in Straßburg der Konfirmandenunterricht und die Konfirmation ins Leben gerufen.

☞ **Wofür ist Schule gut?**
Schreibe eine Geschichte, was wäre, wenn es heute keine Schule gäbe.

Katharina von Bora

Frauen galten in dieser Zeit wenig. Sie standen in der Gesellschaft ganz unten. Dies änderte sich ein wenig durch die Reformation. Besonders Luthers Frau Katharina hat viel dazu beigetragen.

Katharina von Bora war eine Nonne. Sie floh aus dem Kloster nach Wittenberg. Dort lernte sie Martin Luther kennen.

Als beide 1525 heirateten, dachten viele: „Ein ehemaliger Mönch – eine ehemalige Nonne? Wird Gott sie strafen, weil sie ihm untreu geworden sind? Werden die beiden überhaupt Kinder bekommen können?"

Es kam anders als die Gegner Luthers hofften. Fünf Kinder bekamen die beiden. Katharina führte, wie ein Verwalter, das große Haus in Wittenberg. Sie war es, die das Geld zusammenhielt. Sie organisierte die Treffen Luthers mit Ratsherren, Theologen und Freunden im Haus, bei denen er den Fortgang der Reformation besprach. Sie trat selbstbewusst auf, wenn Gäste kamen.

Für viele Frauen war „die Lutherin" damals ein Vorbild. Auch Martin Luther spürte, dass es ohne seine Frau nicht gehen würde. Respektvoll nannte er sie „Herr Käthe".

☞ **Kann Katharina heute auch noch ein Vorbild für Frauen sein?**

☞ **Das Bild zeigt, wie sich Protestanten lange Zeit eine ideale Familie vorstellen. Was sagt das Bild aus? Vergleiche das Bild mit deiner Einstellung zu einer „idealen Familie".**

Kampf mit Bildern

Nachdem Martin Luther von der römisch-katholischen Kirche ausgeschlossen wurde, ging der Kampf erst richtig los. Um mehr Menschen zu erreichen, bediente man sich Flugschriften mit Bildern.

☞ **Vergleiche beide Bilder und mache deutlich, worum es ihnen geht.**

Was Gott ſelbſt vom Bapſtum hellt
Zeigt dis ſchrecklich bild hie geſtellt:

☞ **Was würde man heute wohl tun, um sich gegenseitig zu verunglimpfen?**

Der Schlager der Reformation

Viele Lieder wurden in der Reformationszeit gedichtet und gesungen. Oft verwendete man bekannte Melodien. Dies konnten alte Kirchenlieder sein, aber auch Gassenhauer und Schlager, die besonders in Wirtshäusern gesungen wurden. Den Schlager, der auch heute noch am Reformationstag gesungen wird, hat Martin Luther selbst geschrieben. Es heißt: „Ein feste Burg ist unser Gott“ (EG 362).

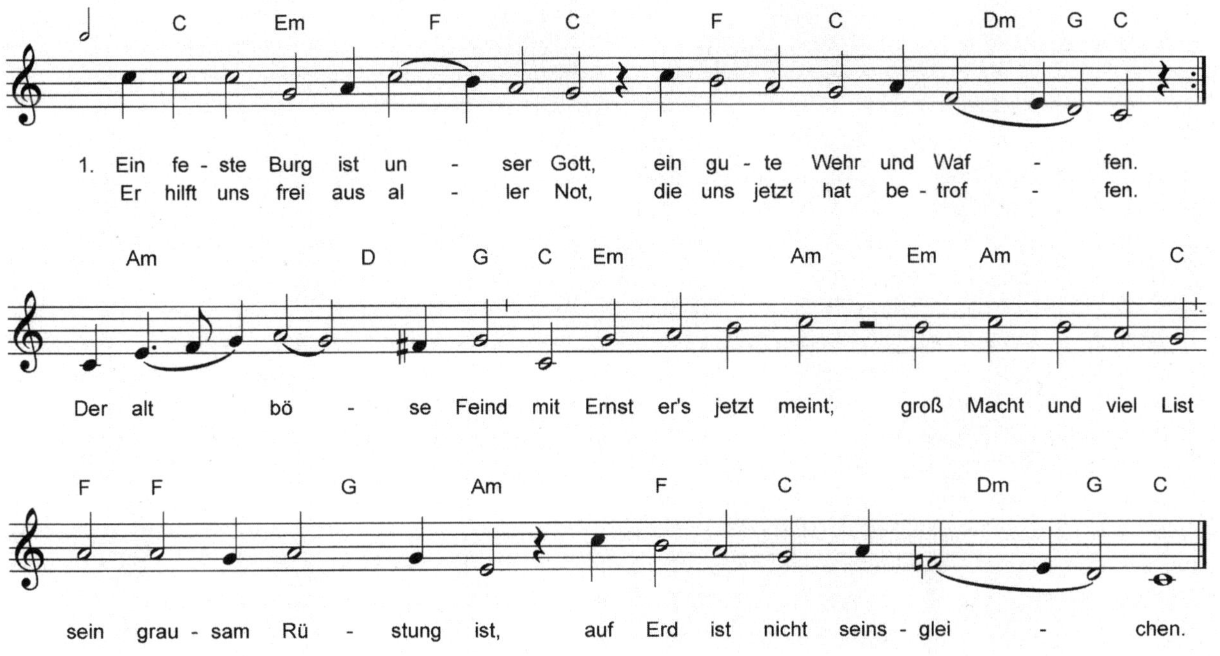

1. Ein feste Burg ist unser Gott,
ein gute Wehr und Waffen.
Er hilft uns frei aus aller Not,
die uns jetzt hat betroffen.
Der alt böse Feind
mit Ernst er's jetzt meint;
groß Macht und viel List
sein grausam Rüstung ist,
auf Erd ist nicht seinsgleichen.

2. Mit unsrer Macht ist nichts getan,
wir sind gar bald verloren;
es streit' für uns der rechte Mann,
den Gott hat selbst erkoren.
Fragst du, wer der ist?
Er heißt Jesus Christ,
der Herr Zebaoth,
und ist kein andrer Gott,
das Feld muss er behalten.

3. Und wenn die Welt voll Teufel wär
und wollt uns gar verschlingen,
so fürchten wir uns nicht so sehr,
es soll uns doch gelingen.
Der Fürst dieser Welt,
wie sau'r er sich stellt,
tut er uns doch nicht;
das macht, er ist gericht':
ein Wörtlein kann ihn fällen.

4. Das Wort sie sollen lassen stahn
und kein' Dank dazu haben;
er ist bei uns wohl auf dem Plan
mit seinem Geist und Gaben.
Nehmen sie den Leib,
Gut, Ehr, Kind und Weib:
lass fahren dahin,
sie haben's kein' Gewinn,
das Reich muss uns doch bleiben.

Text und Melodie: Martin Luther (1529) nach Psalm 46

☞ **Zeige auf, was das Lied über die Situation der Menschen aussagt, die sich der Reformation anschlossen.**

☞ **Versuche das Lied mit einer modernen Melodie oder in Form eines Sprechgesangs neu zu unterlegen.**

Protest in Speyer

Es hat dem Kaiser nicht gefallen, dass die Reformation sich immer weiter ausbreitete. Immer noch war das Urteil des Kaisers von Worms in Kraft. So wären viele Bürgermeister und Fürsten in Deutschland eigentlich auch „vogelfrei“ gewesen.

Zwei **Reichstage** in Speyer sollten das Schicksal der Reformation entscheiden.

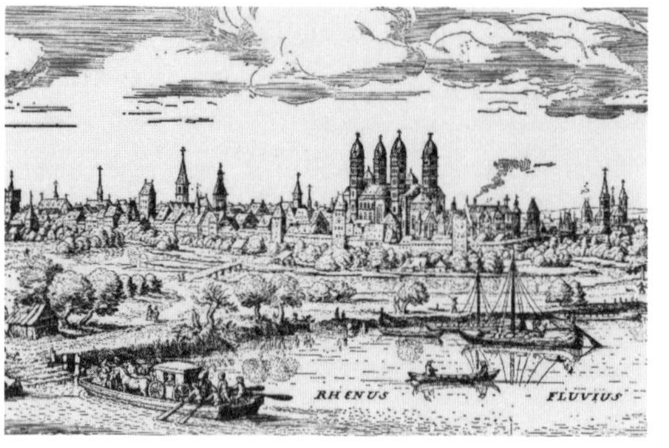

Auf dem **Reichstag 1526** in Speyer kam der Kaiser durch Kriege in Bedrängnis. So wurde beschlossen:
„Jede Obrigkeit soll es so halten, wie sie es vor Gott und der kaiserlichen Majestät verantworten kann.“

☞ **Was bedeutet dieser Beschluss?**

1529 kam wieder der Reichstag in Speyer zusammen.

Nun sollte Ferdinand, der Bruder des Kaisers (Bild), dem Treiben ein Ende machen. Der Reichstag sollte abstimmen:

„Wer ist dafür, dass überall im Deutschen Reich nur noch die heilige katholische Messe als einzig gültiger Gottesdienst gelten soll?“

☞ **Was heißt diese Frage für die Kirche der Reformation?**

Die Mehrheit auf dem Reichstag war für diesen Vorschlag.

„PROTESTATIO“ – „Einspruch“

riefen einige dazwischen. Darunter war Philipp, der Landgraf von Hessen (Bild). Dem Protest folgten andere Fürsten, aber auch die Vertreter von 14 Städten.

☞ **Was denkst du darüber, dass einige Einspruch einlegen, obwohl eine große Mehrheit sich schon entschieden hat?**

☞ **Welchen Gefahren haben sich die Protestierenden wohl ausgesetzt?**

Die Protestationsurkunde

Die Fürsten wollten ihren Standpunkt vortragen, doch Ferdinand wollte nicht zuhören. Er verließ den Raum. Also trafen sich die Evangelischen und schrieben Folgendes auf:

„So protestieren und bezeugen wir hiermit öffentlich vor Gott, ... der allein unser aller Herzen erforscht und erkennt, ... auch vor allen Menschen und Kreaturen, dass wir für uns, die Unseren und jedermann in alle Handlung und vermeinten Abschied, so wie vorberührt in ... Sachen wider Gott, sein heiliges Wort, unser aller Seelenheil und gut Gewissen ... vorgenommen, beschlossen und gemacht worden, nicht einhelligen noch willigen, sondern ... für nichtig und unbündig halten."

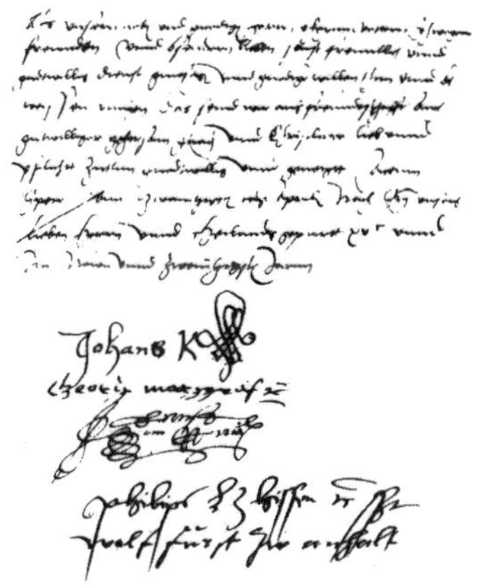

☞ **Worauf berufen sich die Protestierenden?**

☞ **Wogegen stellen sie sich durch ihren Protest?**

☞ **Vergleiche ihre Haltung mit der Martin Luthers auf dem Reichstag in Worms. Wo liegen Gemeinsamkeiten – wo siehst du Unterschiede in der Situation?**

Folgende Fürsten und Städte haben unterschrieben:

Reichsstädte: Straßburg, Nürnberg, Ulm, Konstanz, Lindau, Memmingen, Kempten, Nördlingen, Heilbronn, Reutlingen, Isny, St. Gallen, Weißenburg (Bayern), Windsheim.
Fürsten: Kurfürst Johann von **Sachsen,** Herzöge Ernst und Franz von **Braunschweig-Lüneburg,** Landgraf Philipp von **Hessen,** Fürst Wolfgang von **Anhalt,** Georg, der Markgraf von **Brandenburg-Ansbach.**

Philipp, der Landgraf von Hessen, regierte schon seit seinem 14. Lebensjahr. Er begegnet Luther 1521 auf dem Reichstag in Worms. 1524 schließt er sich der Reformation an und lässt ab 1526 in seinem Land evangelisch predigen.

Ernst, der Herzog von Braunschweig-Lüneburg, ist Neffe von Friedrich dem Weisen, der lange als Landesfürst Martin Luther beschützt und versteckt hat.

Georg, der Markgraf von Brandenburg-Ansbach, und sein Bruder Albrecht haben ihr Land ebenfalls der Reformation zugeführt.

Johann, der Kurfürst von Sachsen, ist der Bruder und Nachfolger von Friedrich dem Weisen, der 1525 starb. Er wird der „Beständige" genannt, weil er überall für die Reformation eintritt. Als sein Landesvater und sein Schutzherr steht er in engem Briefkontakt zu Martin Luther.

Protestanten!

Auf dem Reichstag zu Speyer (Bild) im Jahr 1529 entstand der Name „Protestanten“. Heute heißen so in vielen Sprachen die Anhänger der Reformation. Wie es zu dem Namen gekommen ist, davon erzählt folgende Geschichte. Ihr könnt diese auch mit verteilten Rollen lesen.

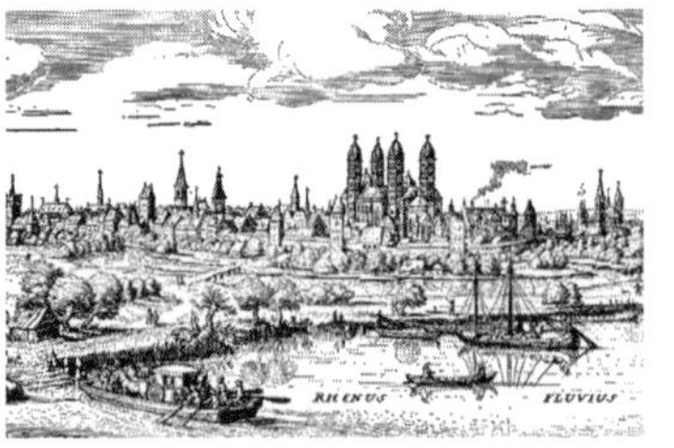

Nach dem Ende des Reichstages treffen sich die Bürger Speyers im Wirtshaus. Sie alle warten auf Gunther, den Ratsherren. Er hat für Speyer am Reichstag teilgenommen. Obwohl es in Speyer damals noch kaum Anhänger Luthers gibt, sind alle gespannt, was über die Reformation beraten wurde. Als Gunther kommt, löchert man ihn mit Fragen:
„Nun erzähl schon. Was war denn los?“
„Meine Lieben, das war eine ganz schön brenzlige Situation. Ich hab schon gedacht, in unserem schönen Speyer gibt es Krieg.“
Die Gäste werden unruhig: „Erzähl schon weiter.“
„Wie ihr wisst, sandte der Kaiser seinen Bruder, König Ferdinand, um der Unruhe ein Ende zu setzen. Doch schon zur Messe, die den Reichstag eröffnete, kamen die Anhänger Luthers nicht. Eine Abstimmung unter den Teilnehmern sollte die Entscheidung bringen, wie es mit den Evangelischen weitergeht. Gerade beim Gottesdienst sollten sie nachgeben.“
„Und wie ging die Abstimmung aus?“, fragte einer.
„Die Mehrheit auf dem Reichstag stimmte dafür, dass überall im Reich wieder die katholische Messe eingeführt werden soll. Auch ich habe für Speyer dafür gestimmt. Doch dann ging es erst richtig los. Der Landgraf von Hessen rief plötzlich: ‚Protestatio‘ – ‚Einspruch‘. Dem Protest folgten weitere Fürsten und 14 Städte. Als die dem König ihre Meinung vortragen wollten, da verließ der einfach den Saal.“
Die Zuhörer wurden ungeduldig: „Und was geschah dann?“
„Viele von uns waren genervt. Man dachte: ‚Die Lutherischen haben doch die Abstimmung verloren und sollen nun endlich Ruhe geben.‘ Man glaubte, dass die sich jetzt davonmachten. Doch die blieben einfach da. Wenn da einer ein falsches Wort gesagt hätte. Aber die Lutherischen sind ruhig geblieben und haben ihre Gedanken zu Papier gebracht. Sie haben geschrieben: ‚Wir protestieren und willigen nicht ein, weil die Sache gegen das eigene Gewissen vor Gott und gegen die Bibel ist.‘“
Erstaunt fragt einer: „Wie? Die stellen ihr eigenes Gewissen und die Bibel über die Mehrheit aller Fürsten und Städte auf dem Reichstag? Und sogar über den Kaiser und den Papst?“
„So ist es. Viele haben die für verrückt erklärt. Wo kämen wir denn da hin, wenn jeder sein eigenes Gewissen über die Obrigkeit stellen würde? Am Ende haben wir uns über die Lutherischen lustig gemacht und sie als ‚Protestanten‘ beschimpft.“

☞ **Vergleiche Luther und die „Protestanten“ von Speyer. Was verbindet beide – was unterscheidet sie?**

☞ **Überlege, warum sich die Anhänger der Reformation später „Protestanten“ nennen, obwohl dies damals ein Schimpfwort war?**

Die Bekenntnisschrift der Evangelischen

Im **Jahr 1530** wurde erneut ein Reichstag einberufen – in **Augsburg.**

Die Evangelischen stellten ihren Glauben in einer Schrift vor, dem „Augsburger Bekenntnis". **21 Artikel** sollten die Gemeinsamkeiten mit den Altgläubigen zeigen, nur **sieben Artikel** die Unterschiede.
Martin Luther konnte nicht mitkommen. Daher stellte Philipp Melanchthon, der es auch in weiten Teilen verfasst hatte, das Bekenntnis vor. Streitpunkte waren besonders folgende Vorwürfe und Artikel in der Augsburger Bekenntnisschrift:

Vorwürfe:

- Anständige Christen sollten die Heiligen anbeten, wie es sich gehört!
- Gott hat sie ja schließlich ausgewählt.
- Wein trinken sollen nur die Priester. Mir wäre das zu gefährlich, wenn ich das Blut Christi verschütte.
- Die Evangelischen machen kein Messopfer und wandeln nicht Brot und Wein in Leib und Blut Christi. Dann ist das für mich kein richtiger Gottesdienst.
- Die Evangelischen schaffen sogar hohe kirchliche Feiertage ab.
- Wie soll man da von seinen Strafen wegkommen?
- Die Evangelischen wollen keine Klöster mehr – wie soll man dann in den Himmel kommen, wenn einem auch dieser Weg verbaut ist?

Augsburger Bekenntnis:

Artikel 21: Die Heiligen sind Menschen, denen große Gnade von Gott widerfahren ist und die einen starken Glauben hatten: So betrachten wir sie als Vorbilder. Mit der Bibel kann man aber nicht beweisen, dass man die Heiligen anrufen oder Hilfe bei ihnen suchen soll.

Artikel 22: Den normalen Christen wird bei uns beides, Brot und Wein, gereicht. Denn dies ist ein klarer Befehl und ein Gebot Christi: „Trinkt alle daraus."

Artikel 24: Das Abendmahl ist nicht dazu eingesetzt, um für die Sünde ein Opfer anzurichten, sondern dazu, dass unser Glaube dadurch erweckt und die Gewissen getröstet werden.

Artikel 25: Die Evangelischen haben solche Feiertage abgeschafft, bei denen die Leute glauben, sie können sich mit frommen Taten Gnade vor Gott verdienen.

Artikel 26: So viel gottloser Irrtum klebt an den Klostergelübden. Dabei sind auch Mönche und Nonnen sündig und brauchen die Gnade Gottes.

☞ **Es kam zwischen den „Altgläubigen" und den Evangelischen zu keiner Einigung. Was musste wohl die Folge sein, wenn bei den Reichstagen nie eine Einigung erzielt wurde?**

Radikale Reformation

Überall in Deutschland wurde die Reformation eingeführt. Vielen aber ging die Veränderung nicht weit genug. Sie wollten, dass die ganze Gesellschaft verändert wird.

Martin Luther hatte schon in Wittenberg mit der radikalen Reformation zu tun, als er den „Zwickauer Propheten" und dem Bildersturm entgegentrat. „Schwärmer" nannte man auch den radikalen Reformator Thomas Müntzer, der mit den Bauern gegen die Fürsten in den Bauernkrieg zog. Er wurde am Ende enthauptet.
Viele der radikalen Gruppen führten eine **Wiedertaufe** durch. Das bedeutet: Man sagte, dass die alte Taufe durch einen katholischen Priester oder einen evangelischen Pfarrer nichts galt und taufte deshalb noch einmal.
Reformatoren wie Martin Luther und Huldreich Zwingli waren sich mit den Fürsten und den Katholiken einig, dass man einen Umsturz der Gesellschaft nicht haben wollte. Deshalb sprach man sich gemeinsam in Speyer auf dem Reichstag 1529 und von evangelischer Seite im Augsburger Bekenntnis 1530 gegen die Wiedertäufer aus.

Dennoch gab es viele Beispiele überall im deutschen Raum für die radikalen Reformen, die der so genannte „linke Flügel der Reformation" forderte. In Worms wollte im Jahre 1527 Jakob Kautz solche Veränderungen einführen. Doch sowohl das katholische Mainz als auch das protestantische Straßburg verhinderten dies. Worms wurde lutherisch.

Anders war dies in Münster. Im Jahr 1533 wurde die Stadt protestantisch. Aus Holland kamen radikale Wiedertäufer und riefen 1534 Münster als „Stadt Gottes" und „Neues Jerusalem" aus. Sie ließen alle Bilder in den Kirchen zerstören und führten eine Gütergemeinschaft ein. Sie schafften die Verfassung ab und führten die Mehrehe für Männer ein, weil das „biblisches Gesetz" sei. Schließlich wurde der Führer der Bewegung, Jan van Leiden, zum König ausgerufen (Bild).

1535 wurde die Stadt durch den Fürstbischof Franz von Waldeck erobert und die Aufständischen getötet. Ihre Führer hängte man zur Abschreckung in einen Käfig an einen Kirchturm. Bis heute hängen am Turm der Lambertikirche in Münster eiserne Körbe, die an dieses Ereignis erinnern.

☞ **Die Wiedertäufer hatten besonders in der armen Bevölkerung einen großen Zulauf. Warum wohl?**

☞ **Warum waren sich katholische, evangelische Kreise und die Fürsten gegen die Wiedertäufer einig?**

Der Augsburger Religionsfriede 1555

Die Evangelischen und die Katholischen gründeten Militärbündnisse. Es gab sogar Krieg, bei dem die Evangelischen unterlagen. Doch die Reformation breitete sich immer weiter aus. 1570 war 70 % Deutschlands evangelisch.

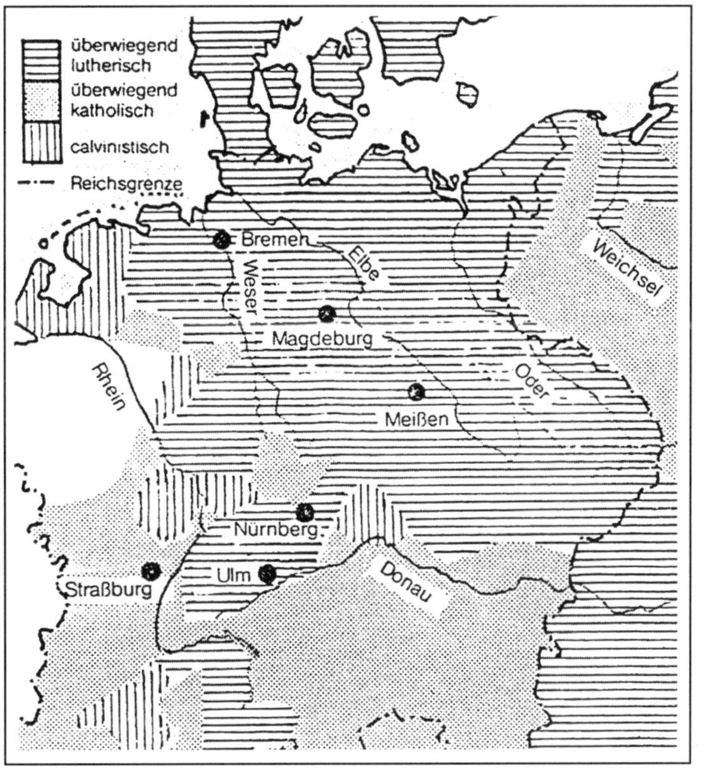

☞ **Finde mit Hilfe der Karte die Verteilung der Glaubensrichtungen um 1555 heraus.**

Die Evangelischen waren so viele geworden, dass man sich nun endgültig einigen musste.
Dies geschah im Jahre **1555 bei dem Reichstag in Augsburg.**
Die Einigung nannte man „Religionsfriede".
Ein Problem war, dass die Regelung für die Calvinisten noch nicht galt.

Die **Bestimmungen des Religionsfriedens** waren:

- Beide „Konfessionen" (= Glaubensrichtungen) sind gleichberechtigt.
- Keiner darf dem anderen Schaden zufügen.
- Der Landesherr bestimmt über die Glaubensrichtung seiner Untertanen.
- Andersgläubige dürfen auswandern.
- In Städten darf jeder seine Glaubensrichtung frei wählen.

Im **Grundgesetz der Bundesrepublik Deutschland** steht heute:

„Niemand darf wegen seines Geschlechts, ... seines Glaubens, ... benachteiligt oder bevorzugt werden" (Art. 3,3).
„Die Freiheit des Glaubens, des Gewissens und die Freiheit des religiösen und weltanschaulichen Bekenntnisses sind unverletzlich" (Art. 4,1).

☞ **Vergleiche die Regelungen des Grundgesetzes mit den Bestimmungen des Augsburger Religionsfriedens. Worin liegen die Unterschiede?**

Gegen-Reformation

Durch geschickte Politik, aber auch durch Kriege, gewann die katholische Kirche in Deutschland wieder an Boden.

- Die katholische Kirche gründete, um die Abgefallenen wieder zurückzugewinnen, den **Jesuitenorden**. Diese Geistlichen waren gut ausgebildet. Neben Theologie hatten sie meist noch einen Beruf erlernt. Sie verstanden es, andere vom katholischen Glauben zu überzeugen.
- Wo die katholische Kirche wieder Fuß gefasst hatte, wurden prächtige Kirchen gebaut. **Der „Barock"-Stil** wurde geschaffen, in dem die Kirchen mit Gold, Marmor, bunten Farben und Engelfiguren ausgestattet waren (Bild). Dadurch beeindruckte man besonders die einfachen Menschen.
- Fürsten wurde der Wechsel zum katholischen Glauben nahe gelegt. Besonders wenn man durch **Heirat** eine Verbindung mit einem katholischen Herrscherhaus eingehen wollte, kam es häufig zum Wechsel der Glaubensrichtung.
- **Der Dreißigjährige Krieg (1618–1648)** führte dazu, dass besonders protestantische Gebiete wieder der katholischen Kirche zufielen.

Wie Schicksale in dieser Zeit aussahen, zeigt folgender Brief:

Lieber Bruder in Amerika,

ich danke dir für dein Angebot, dass du uns aufnehmen willst.
Auch uns reicht es jetzt. Seit unser Landesfürst wegen seiner Hochzeit mit der bayerischen Prinzessin den Glauben wechselte, gibt es für uns Protestanten nur noch Drangsal. Überall tauchen Jesuiten auf und wollen uns bekehren. Sie machen das nicht schlecht, denn gut predigen haben die gelernt. Überall werden von Fürsten Gotteshäuser an die Katholiken übergeben. Die malen die Decken mit Engeln und Gold aus und erzählen den Leuten: „Nur bei uns werdet ihr das Paradies sehen." Auch die Schulen wurden den Jesuiten übergeben, sodass unsere Kinder brav den Rosenkranz beten lernen. Immer mehr von unserer Gemeinde wechseln den Glauben.
In einer Woche müssen wir zur Glaubenskommission. Wer dort nicht sagt, dass er katholisch wird, der wird des Landes verwiesen. Wir werden also schnell versuchen, Haus und Hof zu verkaufen. Die Auswanderungssteuer kostet viel Geld und ich hoffe, dass wir eine billige Überfahrt nach Amerika bekommen.

Dein Bruder
Johannes

☞ **Was erfährst du hier alles über die Bemühungen der katholischen Kirche, die Bewohner des Landes wieder zurückzugewinnen?**

☞ **Informiere dich über die Menschen, die vom 17. bis 19. Jahrhundert nach Amerika und Russland ausgewandert sind.**

Reformation rund um die Welt

Die Reformation breitete sich bald in Europa und der ganzen Welt aus.

„Lutheraner“ gibt es besonders in Norddeutschland, Bayern, in den nordeuropäischen Ländern Dänemark, Norwegen, Schweden und Finnland. Bis zum Zweiten Weltkrieg gab es auch noch viele Lutheraner in Polen und den baltischen Staaten.

Die Anhänger Calvins und Zwinglis schlossen sich im Laufe der Reformation zusammen und wurden „Reformierte“ oder „Calvinisten“ genannt. Es gibt sie besonders in der Schweiz, in Holland, in Schottland und in Deutschland. Das erste Territorium in Deutschland, das „reformiert“ wurde, war die Kurpfalz. In Frankreich wurden die Calvinisten als „Hugenotten“ verfolgt und wanderten nach Deutschland und Amerika aus. Auch in Nordamerika und Australien sind die „Calvinisten“ zu finden.

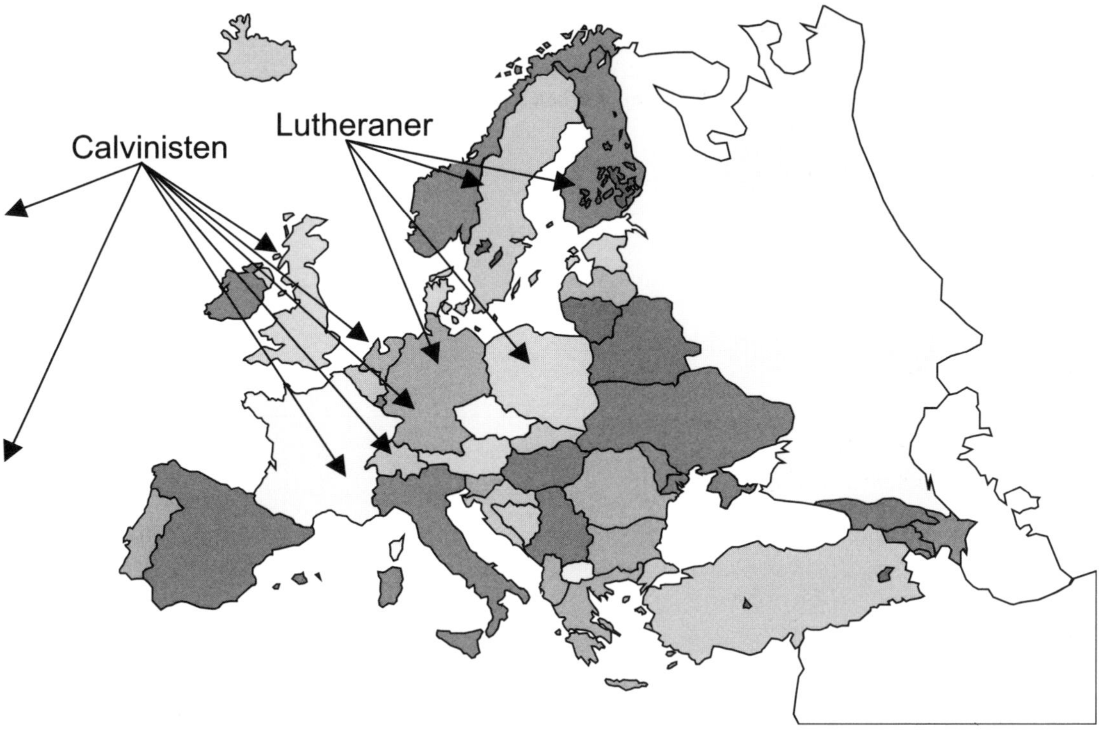

Die Reformation führte besonders in Amerika zu einer großen Vielfalt von religiösen Angeboten. Dort entstanden unzählige „Denominationen“ – Glaubensrichtungen, die viele unterschiedliche Namen tragen.

☞ **Erkundige dich über Literatur oder im Internet über die Vielfalt von Glaubensrichtungen in den USA.**

☞ **In welcher Verbindung steht diese Vielfalt zu der Aussage, dass allein das eigene Gewissen und die Bibel über den Glauben entscheiden?**

☞ **Die USA kennt auch eine strikte Trennung von Staat und Kirche. Inwieweit kann diese Regelung mit der Reformation zusammenhängen?**

Stammbaum der Kirchen

Wenn wir heute den „Stammbaum der Kirchen“ ansehen, dann wird deutlich, dass sich die Anhänger der Reformation in viele Bewegungen aufteilen. Beispiele sind:

Lutheraner	Anhänger Luthers, die sich besonders auf ihn berufen. Für sie ist das Augsburger Bekenntnis von 1530 wichtig. Der Gottesdienst der Lutheraner ist reichhaltiger und die Kirchen sind geschmückter als bei den Reformierten.
Reformierte	Anhänger Zwinglis und Calvins, die weltweit auch „Calvinisten“ genannt werden. In vielem sind sie radikaler als Lutheraner: Sie haben eine strengere Lebens- und Kirchenordnung und sie unterscheiden sich im Verständnis des Abendmahls. Kennzeichen der Reformierten sind die wenig geschmückten Kirchen.
Anglikaner	In England wurde in der Reformationszeit eine eigene Kirche gegründet. Sie ist Staatskirche und das Oberhaupt ist die Königin/der König von England. Der Gottesdienst erinnert stark an den der katholischen Kirche. In den USA heißen die Anglikaner „Episcopal Church“.
Baptisten, Mennoniten	Anhänger von Glaubensrichtungen, die besonders ein enges Miteinander in der Gemeinde suchen. Die Baptisten wollen, dass man sich erst für die Taufe entscheidet, wenn man reif dazu ist.

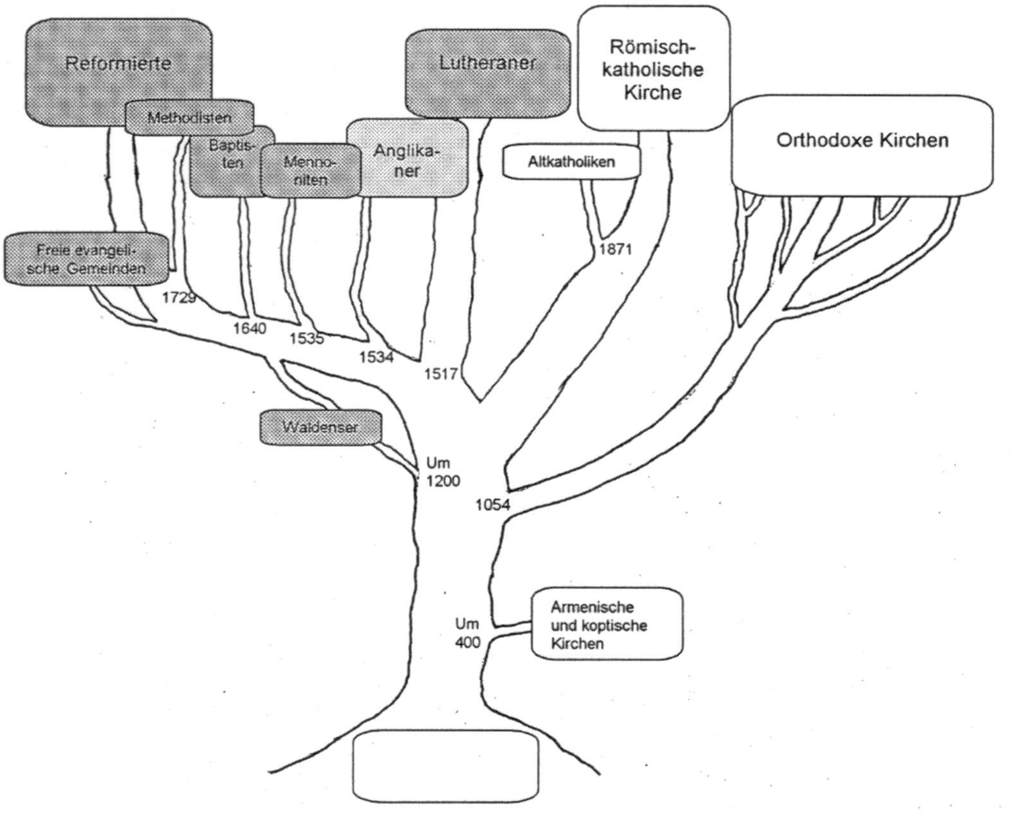

☞ **Suche nach weiteren Informationen über die unterschiedlichen Glaubensrichtungen der Reformation.**

☞ **In dem Stammbaum der Glaubensgemeinschaften siehst du unten ein offenes Feld. Es zeigt, dass sich alle christlichen Richtungen auf eine Person zurückführen. Trage den, um den es geht, in das Feld ein.**

Protestanten in Deutschland

Ursprünglich gab es in Deutschland die Anhänger Luthers, die „Lutheraner", und die Anhänger der Schweizer Reformatoren Zwingli und Calvin, die sich zu den so genannten „Reformierten" zusammenschlossen.

Lange Zeit lebten die protestantischen Richtungen nebeneinander.
Sie bekämpften sich sogar.

Im 19. Jahrhundert schlossen sich in vielen Territorien Deutschlands die Reformierten und Lutheraner zusammen und bildeten eine „unierte" Kirche.

So gibt es heute drei Formen von Kirchen in Deutschland:

- o die lutherischen Kirchen
- o die reformierten Kirchen
- o die unierten Kirchen

☞ **Suche im Internet nach Hinweisen (z.B. unter www.ekd.de), welche evangelischen Kirchen in Deutschland zu den Lutheranern, welche zu den reformierten und welche zu den unierten Landeskirchen gehören.**

III. Wege der Orientierung

Wege der Orientierung zeigen, wie das Thema im Leben der Schülerinnen und Schüler integriert werden kann. Dabei können drei Ebenen eine Rolle spielen:

Protestantisch sein heißt ...	Protestantische Persönlichkeiten	ecclesia semper reformanda – Kirche als Baustelle
Hier werden Einzelaspekte der reformatorischen Entdeckung aufgegriffen und weitergeführt. ▪ Reformation ist nie zu Ende ▪ eigene Wege gehen ▪ einstehen für – eintreten gegen ▪ Grenzen der Freiheit wahrnehmen ▪ Umgang mit der Angst lernen ▪ sein Verhältnis zu Gott überdenken ▪ Liebe kann man nicht verdienen ▪ in der Bibel ist viel für mich zu entdecken	Einzelbeispiele können zeigen, wie sich eine protestantische Haltung im Leben von Menschen auswirkt. Methodisch kann dies als Mini-Stationenarbeit gestaltet werden. ▪ Martin Luther – immer noch aktuell? (S. 86) ▪ biblische „Protestanten" Propheten und Jesus (S. 93f.) ▪ protestantische Persönlichkeiten am Beispiel Johann Hinrich Wichern, Dietrich Bonhoeffer, Martin Luther King, Dorothee Sölle ▪ auf der Suche nach „echten Protestanten"	Protestanten verstehen Kirche immer auch als eine Baustelle, die nicht fertig ist. ▪ die Kirche ist immer reformbedürftig ▪ hat Streit auch etwas Gutes? ▪ Wege zueinander ▪ Kirchenvolksbegehren ▪ die protestantische Baustelle

Bausteine

Martin Luther – immer noch aktuell?	Viele Schülerinnen und Schüler hat im Jahr 2003 die Lutherwelle überrascht. Am Ende der Einheit sollte ihnen die besondere Leistung Luthers und der Reformatoren bewusst sein.	🔔🔔	88
Die Reformation ist nie zu Ende	Es gibt immer irgendetwas, wofür oder wogegen es sich lohnt, zu protestieren. Hier sollen die Schülerinnen und Schüler dafür sensibilisiert werden, dass es gilt, mit seinem Gewissen, seinem Verstand und mit der Bibel die Welt zu hinterfragen.	🔔	89
Einstehen für – Eintreten gegen	Protestantisch sein heißt, für etwas einzustehen, aber auch etwas entgegenzutreten. Hier geht es darum, einen Standpunkt zu finden, aber auch Protest zu differenzieren.	🔔	90
Eigene Wege gehen	Anhand der Karikatur kann man nachvollziehen, dass die Reformation mit Aufbruch und mutigen Schritten gegen die Mehrheitsmeinung zu tun hat. Hier können „protestantische" Eckdaten und Personen (zum Beispiel 1518, 1521, 1529) wiederholt und nach „protestantischen" Persönlichkeiten im eigenen Umfeld gefragt werden. Im Zentrum soll stehen, was es heißt, eigene Wege zu gehen.	🔔🔔	91
Grenzen der Freiheit wahrnehmen	Glaubens- und Gewissensfreiheit war eines der wichtigen Ziele der Reformation, auch wenn am Ende der Glaube der Herrschenden den Ausschlag gab. Auch wenn die Befreiung der Menschen aus ihren Ängsten das wichtigste Ziel der Reformatoren war, zeigt die Zeit auch, dass Freiheit ihre Grenzen hat.	🔔🔔	92
Umgang mit der Angst lernen	Der Umgang mit der Angst vor dem Tod und den Strafen Gottes war für die Reformatoren eine der wesentlichen Herausforderungen. Hier kann der Umgang mit Ängsten erörtert werden.	🔔🔔	93
Sein Verhältnis zu Gott überdenken	Meist hat sich das eigene Gottesbild im Laufe ihres Lebens gewandelt. Das Paul-Dilemma kann helfen, anknüpfend an Luthers Erlebnis in Stotternheim, die Frage zu klären, was Gott von uns Menschen erwartet. Diese Frage kann in das Thema „Gott und Gottesbilder" münden.	🔔🔔🔔	94
In der Bibel ist für mich viel zu entdecken	Letztendlich werden Protestanten immer wieder in Auseinandersetzung mit der Bibel stehen. Hier wird anhand von biblischen Personen diese Auseinandersetzung vorbereitet. Schülerinnen und Schüler sollen erkennen, dass schon in der Bibel protestantische Positionen zu erkennen sind.	🔔🔔	95 f.

Protestantische Persönlichkeiten – Mini-Stationenarbeit	Anhand von „protestantischen Persönlichkeiten“, die eigene Wege gegangen sind, kann die zeitlose Aktualität des Reformationsgeschehens verdeutlicht werden. Kriterien für solche Persönlichkeiten sind das eigene Gewissen, die Orientierung an der Bibel, ein öffentliches Einstehen für bestimmte Werte und ein lautes Eintreten gegen Missstände. Beispiele hierfür sind exemplarisch: Amos, Jesus, Johann Hinrich Wichern, Dietrich Bonhoeffer, Martin Luther King, Dorothee Sölle. Am Ende können die Jugendlichen auch „protestantische Persönlichkeiten“ suchen, die ihnen vertraut sind.		97 – 103
Eine Kirche ist immer reformbedürftig	95 Thesen gegen den Zustand der Kirche – auch heute noch könnten diese verfasst werden. Hier sollte auf gute und schlechte Seiten der Kirche, wie sie unsere Jugendlichen erleben, eingegangen werden können. Jugendliche sollen Mut bekommen, sich in demokratische Prozesse von Kirche einzubringen.		104
Hat Streit auch etwas Gutes?	Der Artikel „Vom Mist der Protestanten“ von Dirk Schümer zeigt, dass in all den ökumenischen Bemühungen etwas verloren gegangen ist, das unsere Kultur lange geprägt hat. Ob dies gut ist, können Schülerinnen und Schüler selbst ermitteln.		105
Wege zueinander	Das Miteinander zwischen Protestanten und Katholiken ist längst nicht mehr so belastet wie noch vor einer Generation. Doch in den Grundeinstellungen hat sich wenig geändert, da die „Tradition“, das heißt die Dogmen und überlieferten Grundsätze auf römisch-katholischer Seite, ein starkes Gewicht hat. Dennoch sollen die Schülerinnen und Schüler dafür sensibilisiert werden, dass es Wege zueinander auf lokaler und überregionaler Ebene gibt.		106
Kirchenvolks-begehren	Das „Kirchenvolksbegehren“ zeigt Jugendlichen, dass auch in der römisch-katholischen Kirche Reformbestrebungen da sind. Der Vergleich mit den Anliegen der Reformation kann zeigen, dass die Bemühungen in eine ähnliche Richtung gehen.		107
Die protestantische Baustelle	Die Karikatur „Die protestantische Baustelle“ bildet den Schlusspunkt, zeigt sie doch, dass die Reformation gerade in protestantischen Kirchen nie zu Ende ist.		108

Martin Luther – immer noch aktuell?

Martin Luther und die Reformation sind immer noch aktuell.

- Martin Luther ist 2003 Thema eines Spielfilms.
- Martin Luther ist 2003 auf der Titelseite einer Wochenzeitung.
- Martin Luther belegt bei der Telefonumfrage des ZDF über die „Besten Deutschen“ im Jahr 2003 Platz zwei.
- Weltweit wurde er 1999 bei der Wahl des bedeutendsten Menschen des zweiten Jahrtausends auf Platz drei gewählt.

☞ **Versuche Argumente zusammenzutragen, die zeigen, was den Reformator heute noch für viele Menschen interessant macht.**

Protestantisch sein heißt:
Die Reformation ist nie zu Ende

Die Reformatoren sagten, dass die Reformation immer weitergehen muss. Damit meinten sie:

Wir müssen immer wieder

mit unserem Gewissen,
mit unserem Verstand
mit der Bibel

überprüfen, ob Dinge, die passieren, für uns in Ordnung sind.

☞ **Was müsste heute unbedingt anders werden?**

Protestantisch sein heißt: Einstehen für – Eintreten gegen

Zu echten Protestanten gehört, dass man sich fragt, ob man bereit ist, seinen Standpunkt zu vertreten.

Ich bin dafür, dass wir nicht immer so viel Hausaufgaben im Sommer aufbekommen. Da ist es schön warm und Hausaufgaben sind immer so lästig, besonders wenn man ins Schwimmbad möchte.

Ich bin dafür, dass wir einmal darüber sprechen, wie wir in der Klasse miteinander umgehen. Ich glaube, dass hier einige ganz schön fertig gemacht werden.

Es mag zwar sein, dass einige von euch das als Privatsache abtun. Aber mir stinkt es, wenn bei uns Nazis offen für sich Werbung machen.

Die Mülltrennung in unserer Schule läuft nicht. Ich bekomme jede Pause mit, dass irgendjemand seinen Müll irgendwohin wirft oder, ohne hinzuschauen, in einen Behälter stopft.

☞ **Welcher „Protest“ scheint dir sinnvoll, welcher weniger?**

☞ **Suche dir eine Szene heraus.**
Erfinde dabei mehrere Möglichkeiten, wie die Geschichte enden könnte.

Protestantisch sein heißt: Eigene Wege gehen

Martin Luther hat gezeigt, dass es wichtig ist, seinem Gewissen zu folgen und manchmal auch eigene Wege zu gehen.

Er sagte: Ein Einzelner kann auch gegen die Mehrheit den richtigen Weg einschlagen.

☞ **Sieh dir dieses Bild an und erinnere dich, wo in der Reformationszeit Menschen eigene Wege gegangen sind. Wie ist es ihnen dabei ergangen?**

☞ **Wo macht es für dich Sinn, heute eigene Wege zu gehen und sich nicht an das zu halten, was die Mehrheit sagt?**

☞ **Welche Gefahren setzt sich jemand aus, der solche Wege einschlägt? Was kann es einem vielleicht auch bringen?**

Protestantisch sein heißt: Grenzen der Freiheit wahrnehmen

Wie zur Zeit der Reformation wünschen sich heute viele Menschen, frei zu sein.

☞ **Wovon hat die Reformation die Menschen in erster Linie befreit?**

☞ **Zeige mithilfe der Karikatur auf ...**

Was ist gut an Freiheit?	**Wo können Probleme auftreten, wenn man frei ist?**

Protestantisch sein heißt: Umgang mit der Angst lernen

Die Reformation hat gezeigt, dass Menschen manchmal von Angst beherrscht werden. Damals waren es ...

- die Angst davor, was nach dem Tod geschieht
- die Angst vor dem Fegefeuer und vor der Hölle
- die Angst vor Gott, der als ein unbarmherziger Richter schien

Diese Ängste führten dazu, dass die Menschen versuchten, sich bei Gott loszukaufen.

☞ **Was half den Menschen damals, ihre Angst zu überwinden?**

Menschen werden immer Ängste haben.

☞ **Welche Ängste sind nach deiner Meinung die, die am häufigsten vorkommen?**

☞ **Was kann gegen diese Ängste helfen?**

Protestantisch sein heißt:
Sein Verhältnis zu Gott überdenken

Paul erzählt:

„Stellt euch vor, was mir vor ein paar Tagen passiert ist.
Ich kam nach Hause und hab in meinem Briefkasten einen Brief gefunden.
Ihr wisst, dass ich mich um eine Arztstelle in dem berühmten St.-Josefs-Krankenhaus in London bemüht habe. Nur die Besten werden hier genommen. Und ich hielt den Brief in Händen, in dem man mich zum Vorstellungsgespräch einlädt.
Sogar ein Flugticket haben die mitgeschickt.
Da wird Christiane, meine zukünftige Frau,
aber staunen, habe ich mir gedacht.
Am nächsten Tag sitze ich im Flugzeug.
Als wir über den Ärmelkanal flogen, da tobte ein Unwetter.
Und plötzlich machte es einen mächtigen Schlag.
Der Blitz hat in unser Flugzeug eingeschlagen.
Die Lichter gingen aus. Alle gerieten in Panik.
Das Flugzeug stürzte ab.
Wer nicht angeschnallt war,
der wurde durch das Flugzeug geschleudert.
Es war schrecklich. Ich fing an zu beten:

‚Lieber Gott, lass mich überleben.
Ich werde auch sofort mein Leben ändern.
Ich weiß, dass in Afrika immer Ärzte gebraucht werden,
um den Ärmsten der Armen zu helfen.
Lass mich bitte überleben. Ich will nach Afrika gehen.'

Mit einem lauten Knall schlugen wir auf dem Wasser auf.
Das Flugzeug brach auseinander.
Viele Menschen starben.
Ich überlebte wie durch ein Wunder, ohne einen Kratzer.

Und jetzt sitze ich hier bei euch.
Die in London haben mir, ohne mich zu sehen,
inzwischen schon die Stelle zugesagt.
Könnt ihr mir sagen, was ich jetzt tun soll?"

☞ **Was würdet ihr Paul sagen, wie er sich verhalten soll? Fragt euch dabei auch, welches Bild von Gott ihr habt, wenn ihr ihm etwas vorschlagt.**

Protestantisch sein heißt:
In der Bibel ist für mich viel zu entdecken (I)

In der Bibel kann man entdecken, was einen Protestanten ausmacht. Auch hier gibt es Gestalten, die schon wie die späteren Protestanten auftraten:

Da gab es die **Propheten.**
Propheten beobachteten, was um sie herum vorging.
Sie fragten sich:

Kann das, was da alles so passiert, auch Gottes Wille sein?

Propheten wie Amos sahen Ungerechtigkeit, Unterdrückung von Armen, Krieg und Unehrlichkeit. Sie sahen, dass manche im Luxus lebten und andere verhungerten. Sie sahen, dass Gottesdienste nur die heile Welt vorspielen und nichts mit dem Leben zu tun hatten.
Ihr Gewissen plagte sie.
So standen sie auf und protestierten:

Höret, ihr vom Hause Israel, dies Wort; denn ich muss dies Klagelied über euch anstimmen: Suchet mich, so werdet ihr leben.
... die ihr die Gerechtigkeit zu Boden stoßt.
... weil ihr die Armen unterdrückt und nehmt von ihnen hohe Abgaben an Korn.
... Denn ich kenne eure Freveltaten, die so viel sind, und eure Sünden, die so groß sind, wie ihr die Gerechten bedrängt und Bestechungsgeld nehmt und die Armen unterdrückt.
... Ich bin euren Feiertagen gram und verachte sie und mag eure Versammlungen nicht riechen.
... Tu weg von mir das Geplärr deiner Lieder; denn ich mag dein Harfenspiel nicht hören!
... Es ströme aber das Recht wie Wasser und die Gerechtigkeit wie ein nie versiegender Bach.

Zitate aus Amos 5–6

☞ **Manche sagen, schon Propheten wie Amos waren „Protestanten". Warum wohl? Vergleiche dabei Amos mit Luther und den Reformatoren.**

☞ **Wie aktuell sind die Gründe, die Amos zu seinem Protest trieben?**

Protestantisch sein heißt:
In der Bibel ist für mich viel zu entdecken (II)

Martin Luther und die Protestanten sagten, dass sie im „Evangelium" entdeckten, was Gott von uns will.
Manche sagen, dass dann auch **Jesus** wohl ein „Protestant" war oder besser, dass „Protestanten" viel von ihm lernen können.
Jesus hat immer wieder gegen Ungerechtigkeit protestiert, hat gemahnt, dass wir den Nächsten lieben sollen und dass Friede unter uns das Wichtigste ist.
Einmal hat er sogar im Tempel die Händler hinausgeworfen, weil sie den Ort des Betens störten.
Besonders in seiner „Bergpredigt" hat er deutlich gemacht, worum es ihm geht:

... Selig sind, die Leid tragen, denn sie sollen getröstet werden.
... Selig sind, die da hungern und dürsten nach Gerechtigkeit, denn sie sollen satt werden.
... Selig sind die Friedfertigen, denn sie werden Gottes Kinder heißen.
... Ihr seid das Licht der Welt. Stellt euer Licht nicht unter einen Stuhl, sondern leuchtet für alle.
... Wenn es heißt „Auge um Auge, Zahn um Zahn", dann macht es anders. Wenn dich jemand auf die rechte Backe schlägt, dann biete ihm die linke an.
... Liebt eure Feinde und bittet für die, die euch verfolgen.
... Was siehst du den Splitter im Auge deines Bruders und nimmst nicht wahr den Balken in deinem Auge?
... Alles, was ihr wollt, dass euch die Leute tun, das tut auch ihnen.
... Es werden nicht alle, die „Herr, Herr" sagen, in das Himmelreich kommen, sondern die, die den Willen Gottes tun.

nach Mt 5-7

☞ **Manche sagen, Jesus ist eine „protestantische Persönlichkeit" oder ein Vorbild für alle Protestanten. Warum wohl?**

☞ **Hier wird Jesus als Mensch gesehen, der aufsteht und gegen Unrecht vorgeht. Heute sehen viele Menschen Jesus nur aus einer bestimmten Perspektive. Sie haben ein „Bild" von ihm. Welche „Bilder" sind dir bekannt?**

Protestantische Persönlichkeiten

„Protestantisch“ sein, das meint nicht nur einer Glaubensrichtung anzugehören.
„Protestantisch“ sein meint, sich zu orientieren an

- **seinem Gewissen**
- **seinem Verstand**
- **an dem, was Gott von uns möchte/ an der Bibel**

„Protestanten“ stehen für etwas ein, auch wenn es unbequem und gefährlich werden kann. Sie erheben Einspruch, wo sie merken, dass etwas schief läuft.
Hier nun sechs Beispiele. Zwei davon sind in der Bibel zu entdecken, vier sind nach der Reformation aufgetreten.

Amos war ein Prophet im Alten Testament. Er „protestierte“ gegen Unrecht, die Unterdrückung der Armen und gegen den Luxus der Reichen. Auch gegen Falschheit in den Gottesdiensten ging er vor. Er stritt gegen die Priester des Königs.

Für **Jesus** war die Nächsten- und Feindesliebe besonders wichtig. Wer Gott und seinen Nächsten so liebt wie sich selbst, der kommt dem, was Gott von uns will, sehr nah. Er protestierte dagegen, dass der Tempel zum Kaufhaus wird und stritt mit Schriftgelehrten.

Johann Hinrich Wichern wuchs selbst in Armut auf. Als er Pfarrer wurde, kümmerte er sich besonders um verwahrloste Jugendliche. Er sah die Not im 19. Jahrhundert, als die reichen Fabrikbesitzer immer reicher und die Arbeiter immer ärmer wurden. So rief er dazu auf, der Not ein Ende zu setzen. Er forderte die Gründung der „Diakonie“, die den Armen helfen sollte.

Dietrich Bonhoeffer war Pfarrer und lebte in der Zeit des Nationalsozialismus. Er sah, dass viele Menschen verfolgt und ermordet wurden, und dass Hitler sich wie ein Gott verehren ließ. Dies führte ihn zum Protest und zum Widerstand gegen die Nationalsozialisten. Er wurde deswegen kurz vor Ende des Zweiten Weltkrieges ermordet.

Martin Luther King war Pfarrer bei den Baptisten in den USA. Er war Führer des Widerstandes gegen die Unterdrückung der Schwarzen. Selbst 100 Jahre nach Abschaffung der Sklaverei gab es keine Gleichberechtigung. Er hielt eine Rede, in der er seinen Traum aussprach, dass alle miteinander in Frieden und Eintracht leben sollen.

Dorothee Sölle war Theologin. Sie setzte sich für Gerechtigkeit, Frieden und Befreiung von jeder Art der Unterdrückung ein. So war sie für die Gleichberechtigung der Frauen. Aber sie ging auch bei den großen Demonstrationen gegen Krieg und Gewalt mit auf die Straße und ergriff immer wieder das Wort. Für sie war besonders schlimm, wenn Menschen sagten: „Man kann ja doch nichts machen.“

Protestantische Persönlichkeiten

☞ **Lies die Lebensbeschreibungen der Persönlichkeiten, die als „protestantisch" bezeichnet werden.**

☞ **Kläre für dich: Was ist an der Person „typisch protestantisch"?**
Wo siehst du Verbindungen zu Martin Luther und der Reformation?

Name	Typisch protestantisch	Meine Anfragen

Johann Hinrich Wichern

Johann Hinrich Wichern, 1808 in Hamburg geboren, lebte selbst in großer Armut. Als er 15 Jahre alt war, starb sein Vater. Da Wichern viele Geschwister hatte, musste er die Schule verlassen.

Wichern wurde Erziehungsgehilfe an einer Privatschule. Er konnte dann doch noch studieren und entschied sich für Theologie. Mit 24 Jahren wurde er Oberlehrer und begegnete der großen Armut der Kinder in Hamburg. Es war die Zeit der industriellen Revolution. Die wenigen Fabrikbesitzer häuften große Reichtümer an, während die Arbeiter immer mehr verarmten. So hatten Kinder in Armut und Waisen kaum eine Chance, aus dem Kreislauf der Armut herauszukommen.

Ein Jahr später, 1833, gründete er das „Raue Haus“, ein Haus für die verwahrlosten Kinder. Sein Ziel war es, den Kindern ein Zuhause zu bieten, ihnen durch Gemeinschaft, Spiel und Arbeit eine Zukunft zu ermöglichen.

Um Erzieherinnen und Erzieher so auszubilden, dass sie gut auf diese Kinder eingehen konnten, gründete Wichern ein Seminar. Für ihn war dabei wichtig, dass sich diese nicht nur mit den Problemen der Kinder, sondern auch mit der Bibel auseinander setzten.

Auf dem ersten deutschen Kirchentag im Jahre 1848 in Wittenberg fasste er den Mut, eine Rede zu halten, in der er die Haltung der evangelischen Kirchen angesichts der Not der Arbeiterfamilien anprangerte. Das bisherige Wegsehen von dieser Not widerspräche der biblischen Botschaft. Er rief zur Gründung eines Hilfswerks auf, das von den evangelischen Kirchen getragen werden sollte.

Am nächsten Tag wurde der „Zentralausschuss der inneren Mission“ gegründet, aus dem das **Diakonische Werk** der evangelischen Kirchen hervorging.

☞ **Manche sagen, Wichern ist eine „protestantische Persönlichkeit“. Warum wohl? Vergleiche dabei Wichern mit den Reformatoren.**

☞ **Erkundige dich über das Internet oder bei den Informationsstellen des Diakonischen Werks: Wofür trägt heute die „Diakonie“ Verantwortung?**

Dietrich Bonhoeffer

Dietrich Bonhoeffer wurde 1906 geboren. Schon mit 21 Jahren beendete er sein Theologiestudium. Er arbeitete im Ausland – in England, in Amerika und Spanien, aber auch als Pfarrer in Berlin.

Als die Nationalsozialisten an die Macht kamen, widersprach er zunächst den „Deutschen Christen“, die sagten, dass Adolf Hitler von Gott gesandt sei.

Er schloss sich der „Bekennenden Kirche“ an. Die sagte, dass allein die Bibel uns zeigen kann, was Gottes Wille ist.

Bonhoeffer wird Ausbilder von jungen Pfarrern in Finkenwalde bei Berlin.

Er machte aus seiner Überzeugung keinen Hehl, dass er gegen den Nationalsozialismus ist. Er sagte:

- „Der Führerkult ist die Verehrung eines Menschen wie Gott.
  Es gibt aber nur einen Gott, wie uns die Bibel sagt.
  Die Bibel warnt davor, Menschen wie Gott zu verehren.“

- „Die Nationalsozialisten verachten Menschen.
  Besonders an der Verfolgung derer, die anders denken, aber auch ganzer Volksgruppen wie Juden oder Sinti und Roma kann man sehen, dass sie nichts Gutes im Schild führen.
  Nach der Bibel aber sollen wir die Menschen lieben und sie nicht einteilen, wer lebenswert sei und wer nicht.“

- „Das ganze Streben der Nationalsozialisten hat den Krieg vor Augen.
  Krieg vernichtet Leben und bringt große Not.“

Bonhoeffer schloss sich dem deutschen Widerstand gegen Hitler an.
1943 wurde er schließlich verhaftet und im Konzentrationslager Flossenbürg wenige Tage vor dem Ende des Weltkriegs umgebracht.

☞ **Manche sagen, Bonhoeffer sei eine „protestantische Persönlichkeit“. Warum wohl? Vergleiche Bonhoeffer mit den Reformatoren.**

☞ **Erkundige dich über die Zeit des Nationalsozialismus und über den Widerstand gegen Hitler.**

Martin Luther King

Martin Luther King wurde 1929 in Atlanta/Georgia in den USA geboren. Er wuchs in den Südstaaten auf, wo es keine Gleichberechtigung zwischen schwarzen und weißen Amerikanern gab.

Er erlebte schon früh, dass Busse „nur für Weiße“ fuhren, oder dass Hotels einen schwarzen Menschen nicht beherbergten.

Von Beruf war er Pfarrer bei den „Baptisten“. Heute stellen die „Baptisten“ die größte protestantische Gruppierung in den USA.

Ab 1956 organisierte er den Widerstand gegen die Unterdrückung in öffentlichen Verkehrsmitteln. Immer mehr wurde er in den Widerstand gegen die Diskriminierung der Schwarzen hineingezogen, bis er dessen Wortführer und Organisator war.
Er orientierte seinen Widerstand an der Bibel und an Mahatma Gandhi. Ihm war klar: Sein Widerstand sollte gewaltlos sein. Er sagte, dass man durch Ungehorsam und Boykott mehr erreichen könnte.

Er hatte viele Gegner. In den USA hatte sich eine „White Power“ Bewegung gesammelt, die gegen die Gleichberechtigung offen vorging. Der Geheimbund „Ku-Klux-Klan“ ermordete Schwarze, die sich am Widerstand beteiligten. Auch auf Martin Luther King wurden Mordanschläge verübt.

1963 rief er zur größten Demonstration auf, die es bis dahin je gegeben hatte.
In Washington D.C. stellte er vor, wie er sich die Zukunft dachte:

„Ich habe einen Traum ...

- dass Söhne der ehemaligen Sklaven und Sklavenbesitzer friedlich zusammenleben
- dass alle Menschen frei sind
- dass es keine Unterdrückung mehr gibt
- dass alle Kinder Gottes, ob schwarz, weiß, Jude oder Christ, Protestant oder Katholik, sich die Hände halten.“

Martin Luther King erhielt 1964 den Friedensnobelpreis.
Im Jahr 1968 wurde er ermordet.

☞ **Manche sagen, Martin Luther King sei eine „protestantische Persönlichkeit“. Warum wohl? Vergleiche ihn mit den Reformatoren.**

☞ **Formuliere einen eigenen Traum – wie soll die Welt für dich aussehen?**

Dorothee Sölle

Dorothee Sölle (1929–2003) gilt für viele Menschen als „echte“ Protestantin. Sie studierte alte Sprachen, Deutsch und Theologie. Sölle setzte sich für Gerechtigkeit, Frieden und Befreiung von jeder Unterdrückung ein. Sie lehrte an der Universität, schrieb viele Bücher und ging, wenn nötig, für ihre Überzeugungen auf die Straße.

Ein nie geführtes Interview mit Dorothee Sölle:

RPH: Frau Sölle, Sie sind für viele Menschen ein Beispiel einer wirklichen Protestantin. Welche Eigenschaften gehören für Sie dazu?

Sölle: Protestantisch sein, das heißt für mich hauptsächlich „Einstehen für etwas“. Dazu muss man allerdings erst einmal mit wachen Augen wahrnehmen, wie die Welt wirklich aussieht. Man muss sensibel sein für die vielen Dinge, die in unserer Welt nicht in Ordnung sind. Das Zweite ist, dass man angesichts der vielen Probleme in der Welt nicht resigniert. **Wir können uns den Luxus der Hoffnungslosigkeit einfach nicht mehr leisten.** Und das Dritte ist dann das Einstehen für das, was man als richtig und wichtig erkannt hat. Ganz **schlimm ist in unserer Zeit die „Man-kann-ja-doch-nichts-Machen“-Haltung.** So ist es gerade nicht und es gibt genügend Beispiele, die zeigen, dass das Einstehen für etwas wirklich Erfolg bringt.

RPH: Hatten Sie diese Einstellung schon immer?

Sölle: In die Wiege gelegt war mir das nicht. Ich stamme zwar aus einem Elternhaus, in dem man – etwa während der Nazizeit – die Lage mit klarem Blick erkannt hat. Aber die Haltung, die ich heute habe, hat sich erst im Lauf der Zeit herausgebildet. Am meisten gelernt habe ich dabei von den einfachen Landarbeitern in Südamerika und vor allem von den vielen „einfachen Frauen“. Die sind einfach ihrem Gewissen gefolgt und haben sich gegen Unrecht, Ausbeutung, Krieg und männliche Gewalt aufgelehnt.

RPH: Wenn ich Sie richtig verstehe, haben Sie gerade eben die Dinge genannt, die Ihnen besonders wichtig sind: Das Aufstehen gegen Unrecht, Ausbeutung, Krieg und männliche Gewalt.

Sölle: Ganz richtig. Dagegen bin ich aufgestanden – dafür bin ich eingetreten.

RPH: Das hat nicht allen gefallen.

Sölle: Ich habe mir viel Kritik gefallen lassen müssen. Aber mehr noch: Als wir – zusammen mit vielen tausend Freunden aus der Friedensbewegung – in Mutlangen oder in Fischbach/Pfalz die Waffen- und Giftgaslager der Amerikaner gewaltlos blockiert haben, wurde ich festgenommen, vorübergehend inhaftiert und vor Gericht gestellt.

RPH: Wir leben doch in einem freien Land, wo man demonstrieren darf.

Sölle: Frei werden wir erst, wenn wir uns mit dem Leben verbünden gegen die Todesproduktion und die permanente Tötungsvorbereitung. Wir müssen erkennen, dass Waffen auch ohne Krieg töten.

Frei werden wir, wenn wir aktiv, bewusst und militant für den Frieden arbeiten.

RPH: Zum Schluss noch eine Frage: Warum haben Sie das alles getan?

Sölle: Es gibt Dinge, die musst du tun um deiner eigenen Würde willen, damit du dir ins Gesicht sehen kannst.

RPH: Wir danken Ihnen für dieses Gespräch.

☞ **Manche sagen, Dorothee Sölle sei eine „protestantische Persönlichkeit“ Warum wohl? Vergleiche Sölle mit Luther und den Reformatoren.**

☞ **Welche Menschen spricht Dorothee Sölle mit ihrer Haltung besonders an?**

Protestantische Persönlichkeiten gesucht!

Auch in unserer Umgebung sind immer wieder Menschen zu entdecken, die als „protestantische Persönlichkeit“ bezeichnet werden können.

Dabei brauchen diese Personen nicht Mitglieder einer evangelischen Kirche zu sein.

Sie fallen auf, weil sie folgende Kriterien erfüllen:

- Sie haben einen festen Standpunkt.
- Sie orientieren sich an ihrem Gewissen und können nicht gegen ihr Gewissen etwas dulden.
- Sie sehen mit klarem Blick in die Welt und erkennen, wenn etwas nicht richtig läuft.
- Sie haben einen Orientierungspunkt.
  Ihnen ist wichtig, was die Bibel uns von Gottes Willen sagt.
  Sie gehen daher zum Beispiel gegen Unmenschlichkeit, Ungerechtigkeit, Friedlosigkeit, Gewalt oder gegen die Missachtung von Gottes Schöpfung vor.
- Sie behalten ihre Meinung nicht für sich, sondern wollen andere wachrütteln und zeigen, dass man gegen Missstände etwas tun kann.

☞ **Überlege, ob dir Menschen bekannt sind, auf die einige dieser Punkte zutreffen.**

☞ **Wo siehst du selbst für dich die Möglichkeit, diese Punkte zu erfüllen?**

Eine Kirche ist immer reformbedürftig

Protestanten dürfen und müssen ihre Kirche selbst gestalten.
Mitreden und Mitarbeiten, wenn es darum geht, etwas zu verbessern, gehört dazu.

Eins ist sicher: Kirche ist nie perfekt. Die Reformatoren sagten: „Ecclesia semper reformanda“ (lat.: Kirche ist immer reformbedürftig).

☞ **Was würdest du ändern wollen? Was findest du gut?**
Du kannst auch eigene „Thesen“ verfassen, wie du dir deine Kirche vorstellst.

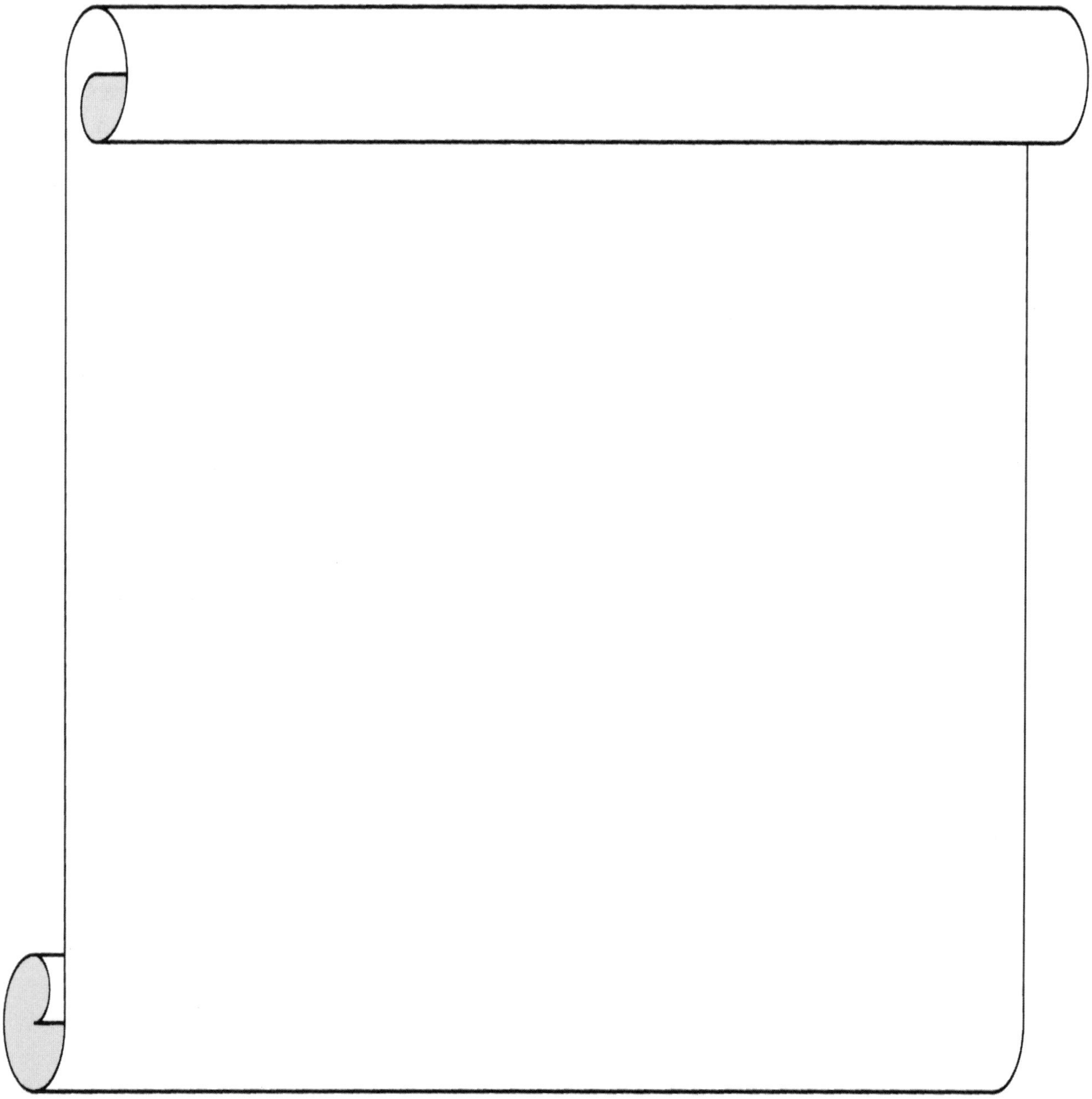

Hat Streit auch etwas Gutes?

In einer Sonntagszeitung stand folgender Artikel über den Streit zwischen Katholiken und Protestanten, wie er früher einmal war.

Der Mist der Protestanten

Wozu Ökumene? Der Konfessionsstreit muss weitergehen

„Mit katholischen Kindern, sagte meine Oma immer, sollst du nicht spielen. Katholische Kinder lügen, das lernen sie beim Beichten.
Ich wusste zwar damals wie heute nicht, was beichten genau ist, aber dass man dabei das Lügen lernen konnte, machte den Vorgang interessant. (...)
Wir sind im mittleren Westfalen, einer Gegend, wie sie überall in Deutschland liegen könnte, einer Gegend, wo Protestanten und Katholiken seit Jahrhunderten miteinander auskommen mussten – seit sie damit aufgehört haben, sich gegenseitig die Hälse abzuschneiden. Die konfessionelle Scheidung durchzog noch in meiner Kindheit ahnungsweise den Alltag, nicht nur im Religionsunterricht. (...)
Man erzählte sich immerhin noch von stramm evangelischen Bauern, die am Fronleichnamstag den Mist auf die Felder fuhren und damit absichtlich den Prozessionsweg besudelten. Oder dass für die Katholiken der Karfreitag traditionell Waschtag war, um die Evangelischen an ihrem höchsten Feiertag zu provozieren. (...)
Damals gab es in unserer mehrheitlich evangelischen Stadt noch keinen Karneval, während ein paar Dörfer weiter täglich Ausnahmezustand herrschte. Jeder hatte die Wahl: Wer sich betrinken wollte, fuhr aufs Land. Wer seine Ruhe haben wollte, blieb in der Stadt. Ähnliche Unterschiede würzten den faden Alltag: Kommunion und Konfirmation, evangelisches Jugendlager und katholische Sportclubs, die Eheprobleme des Pastors und die Zölibatsprobleme des Kaplans. Ich konnte nie verstehen, warum meine Mutter allzeit beklagte, dass es mit der Ökumene in unserer Stadt nie so recht klappen wollte. Ihrer Meinung nach waren es natürlich die bösen Katholiken, die alle mutigen Ansätze für gemeinsame Gottesdienste oder gar gemeinsames Abendmahl torpedierten. Niemals hätte meine Mutter den Papst anerkannt, der ihrer Meinung nach hinter all der Verstockung stand. Warum sie sich dann mit dessen Anhängern verbünden wollte, erschien mir schleierhaft.
Ich konnte die Sehnsucht nach Ökumene nie begreifen. Warum muss man um jeden Preis versuchen, sich zu einigen? Heute, so höre ich, können die meisten Schulkinder den Unterschied zwischen den Konfessionen nicht mehr benennen und begreifen. Da ist bei uns einiges verloren gegangen.“

Dirk Schümer, Frankfurter Allgemeine Sonntagszeitung Nr. 40, 7.10.2001 (Auszug)

☞ **Was beklagt Dirk Schümer in seinem letzten Satz?**

☞ **Schümer zeigt auf, was „damals“ typisch protestantisch und typisch katholisch war. Was ist dies heute?**

☞ **Schreibe einen Leserbrief, der deine Einstellung zu dem Artikel Dirk Schümers wiedergibt.**

Wege zueinander

Auch heute noch ist eine Trennung zwischen Protestanten und Katholiken da. Auch heute noch passieren Dinge, die eher die Kirchen trennen als zusammenführen:

❍ da gehört die katholische Kirche nicht dem Ökumenischen Rat der Kirchen an,
❍ da gibt es immer noch die Vorstellung, dass katholische Priester über den einfachen Menschen stehen,
❍ da gibt es den Anspruch, dass der Papst unfehlbar in Glaubensfragen und das Oberhaupt aller Christen sei,
❍ da gibt es kein gemeinsames Abendmahl,
❍ da wird allen Kirchen, die nicht römisch-katholisch sind, abgesprochen, eine Kirche zu sein.

Dennoch kann man spüren, dass Menschen nach Wegen suchen, aufeinander zuzugehen.

☞ **Suche in deiner Kirchengemeinde nach Aktionen, die von beiden Glaubensrichtungen zusammen gemacht werden.**

☞ **Suche unter dem Stichwort „Ökumene/Oikoumene" nach weiteren Informationen (zum Beispiel im Lexikon oder Internet), die dir zeigen, welchen Weg heute Kirchen miteinander gehen.**

Kirchenvolksbegehren in der katholischen Kirche

1995 wurde eine Initiative unter den Katholiken in Deutschland und Österreich gestartet – das „Kirchenvolksbegehren". Darin wurden folgende Thesen formuliert:

1. Aufbau einer geschwisterlichen Kirche:
- Gleichwertigkeit aller Gläubigen
- Überwindung der Kluft zwischen Klerus und Laien (nur so kann die Vielfalt der Begabungen und Charismen wieder voll zur Wirkung kommen)
- Mitsprache und Mitentscheidung der Ortskirchen bei Bischofsernennungen; Bischof soll werden, wer das Vertrauen des Volkes genießt

2. Volle Gleichberechtigung der Frauen:
- Mitsprache und Mitentscheidung in allen kirchlichen Gremien
- Öffnung des ständigen Diakonats für Frauen
- Zugang der Frauen zum Priesteramt:
  Die Ausschließung der Frauen von kirchlichen Ämtern ist biblisch nicht begründbar; auf den Reichtum an Fähigkeiten und Lebenserfahrungen von Frauen kann die Kirche nicht länger verzichten – das gilt auch für Leitungsämter

3. Freie Wahl zwischen zölibatärer und nicht-zölibatärer Lebensform:
Die Bindung des Priesteramtes an die ehelose Lebensform ist biblisch-dogmatisch nicht zwingend, sondern geschichtlich gewachsen und daher veränderbar. Das Recht der Gemeinden auf Eucharistiefeier und Leitung ist wichtiger als eine kirchenrechtliche Regelung.

4. Positive Bewertung der Sexualität als wichtiger Teil des von Gott geschaffenen und bejahten Menschen
- Anerkennung der verantworteten Gewissensentscheidung in Fragen der Sexualmoral (z.B. Empfängnisregelung)
- keine Gleichsetzung von Empfängnisregelung und Abtreibung
- mehr Menschlichkeit statt pauschaler Verurteilungen (z.B. in Bezug auf voreheliche Beziehungen oder in der Frage der Homosexualität)
- anstelle der lähmenden Fixierung auf die Sexualmoral stärkere Betonung anderer wichtiger Themen (z.B. Friede, soziale Gerechtigkeit, Bewahrung der Schöpfung ...)

5. Frohbotschaft statt Drohbotschaft:
- mehr helfende und ermutigende Begleitung und Solidarität anstelle von angstmachenden und einengenden Normen
- mehr Verständnis und Versöhnungsbereitschaft im Umgang mit Menschen in schwierigen Situationen, die einen neuen Anfang setzen möchten
  (zum Beispiel wieder verheiratete Geschiedene, verheiratete Priester ohne Amt), anstelle von unbarmherziger Härte und Strenge

☞ **Vergleiche das Kirchenvolksbegehren der katholischen Basisgruppen mit den Forderungen der Reformation.**

☞ **Informiere dich im Internet über die Diskussion über das Kirchenvolksbegehren (Stichwort in Suchmaschine eingeben).**

Die protestantische Baustelle

Die protestantische Baustelle

☞ **Während die katholische und orthodoxe Kirche hier als fest gefügte und prächtige Kirchen erscheinen, werden die Protestanten als Baustelle dargestellt. Was meint die Karikatur damit?**

☞ **Versuche die Vor- und Nachteile einer Kirche als „Baustelle“ gegenüberzustellen.**

Die Pforte zum Paradies

Brettspiel zum Thema „Reformation“

Spielidee

Die Reformation verläuft in einem langen Prozess. Das Spiel gibt mit seinen Informations- bzw. Ereigniskarten Schlüsselinformationen zu den unterschiedlichen Facetten der Reformationsgeschichte. Schwerpunkte bilden

- das Lebensgefühl vor 500 Jahren
- die Biografie und die Schlüsselerlebnisse Martin Luthers
- die Reformatoren und Unterstützer der Reformation
- die Folgen der Reformation
- die Reformation heute

Hintergrund

„Die Pforte zum Paradies“ – so nannte Martin Luther später seine Entdeckung in der Bibel. **„Der Gerechte wird aus dem Glauben leben“ (Röm 1,17)** war dabei der zentrale biblische Satz. Anhand dieses Satzes und den vielen Aussagen über Gott, die ihn als liebenden Vater und nicht als strengen Richter zeigen, kam Luther zur Auffassung, dass die damaligen Vorstellungen der Menschen über einen „Richtergott“, das Fegefeuer und die Bußübungen unbegründet waren. Die „Pforte zum Paradies“ meint: Hier hat Luther durch die Bibel für sich, für seine Zeitgenossen und letztlich auch für uns den Weg aus der „Höllenangst“ vor Gott gefunden. In der Reformationszeit brachte man diese Entdeckung durch Flugschriften oder durch Bilder unter das Volk. Der Spielhintergrund, das Bild „Gesetz und Gnade“ von Lukas Cranach (1529), zeigt dieses besonders gut.

Spielbeschreibung

Das Spiel ist als klassisches Brettspiel angelegt. Das Brett (Bild Lukas Cranachs) kann in einer Einführungsphase besprochen werden (Materialien Seite 33 ff.).

Das **Spielbrett wird auf DIN A3** kopiert.
Es kann von Schülern **ausgemalt und anschließend laminiert** werden.

Es muss ein **Würfel und für jeden Spieler eine Spielfigur** vorhanden sein.

Start ist im Feld „Hölle“. Wie viele Augen geworfen werden, so viele Felder werden vorgerückt.

Die **Ereigniskarten** werden gemischt und verdeckt auf einen Stapel gelegt. Wer auf ein dunkles Feld kommt, der darf eine Ereigniskarte ziehen, diese laut vorlesen und die Aufgabe erfüllen. Die Ereigniskarten werden in der **zeitlichen Reihenfolge** auf dem Tisch geordnet. Am Ende ergibt sich so ein Bild, das den Ablauf der Reformation darstellt. Dieses Bild kann anschließend auf **ein Plakat** aufgeklebt werden.

Wer zuerst im „Paradies“ angekommen ist, darf sich mit den anderen freuen. Man kann den Wettbewerbscharakter entzerren, indem der „Sieger“ dem Letzten etwas schenkt.
Alternativ können die Karten als **Memorykarten** oder als **Lern- und Wiederholungskarten** verwendet werden.

Spielbrett: Die Pforte zum Paradies

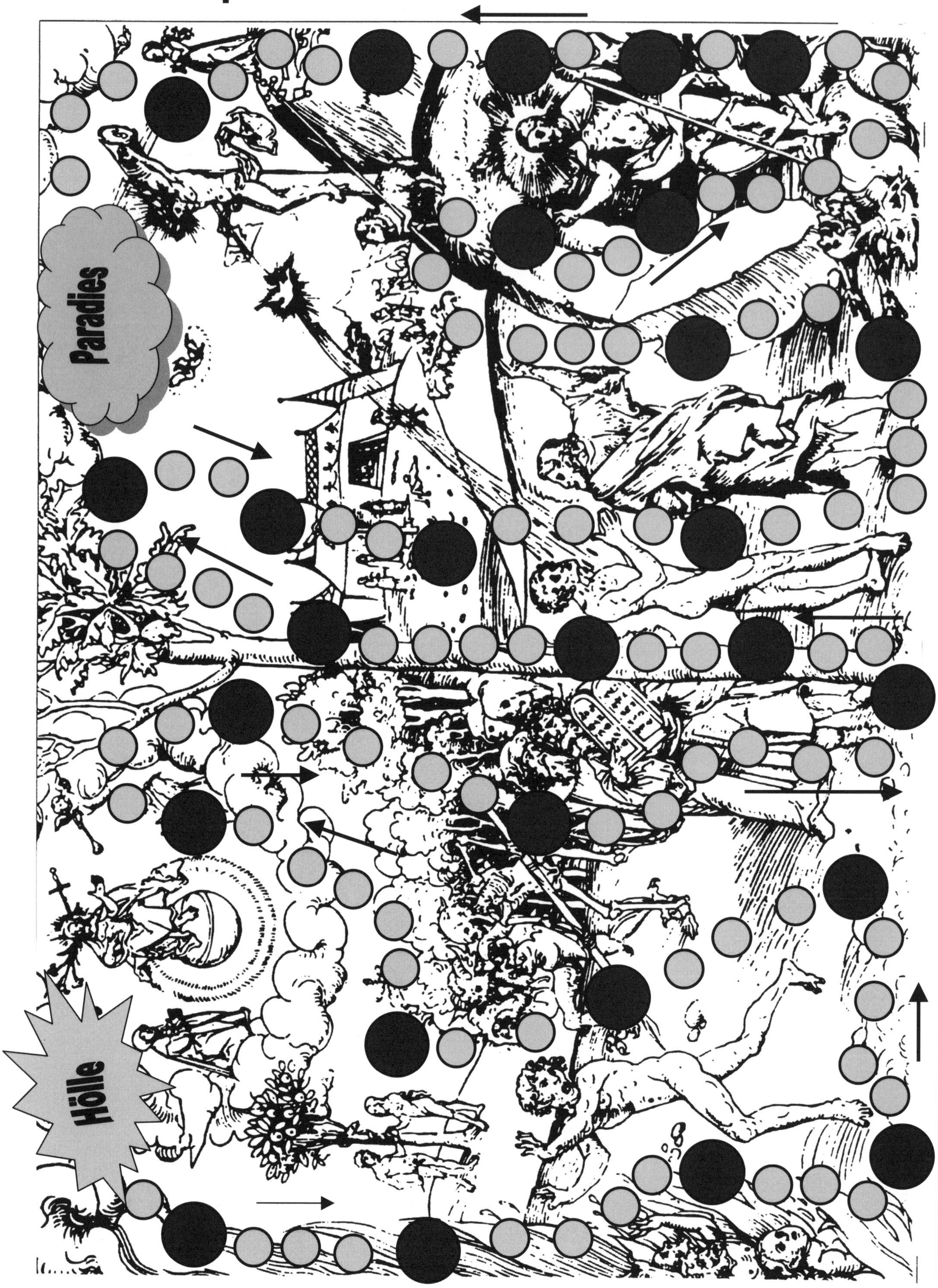

Ereigniskarten – Memorykarten – Lernkarten

um 1500

Neue Entdeckungen und Erfindungen wurden gemacht. Amerika wurde entdeckt. Der Buchdruck wurde durch Johannes Gutenberg (Bild) erfunden.

Da durch Erfindungen das Leben nun leichter wird, darfst du drei Felder vorrücken.

um 1500

Die Gesellschaft war aufgebaut wie eine Pyramide. Oben waren Herrscher, Fürsten, Adlige und hohe Kirchenmänner. Unten standen Bauern und Frauen.

Wenn du eine Frau bist oder ein Kind eines Bauern, musst du zwei Runden aussetzen.

um 1500

Besonders Bauern ging es schlecht. Sie litten unter Hungersnöten und Abgaben für die Herren. Viele waren Leibeigene, die wie Sklaven für ihre Herren arbeiten mussten.

Dein rechter Nachbar darf dir eine Minute Bewegungen vormachen, die du nachmachen musst.

um 1500

Kirchenmänner gab es damals sehr viele. Sie waren über alle Menschen erhaben.

Weil du so erhaben bist, darfst du eine Runde lang die Nase hoch halten.

um 1500

Die meisten Menschen glaubten, dass das Ende der Welt nahe sei. Sie sahen Seuchen und Krieg als Vorzeichen des Endes an.

Der Gedanke an den Weltuntergang macht Angst. Stelle Angst pantomimisch dar.

um 1500

Eine große Frömmigkeit war unter den Menschen zu spüren. Viele gingen jeden Tag in die Kirche und beteten, weil sie Angst vor dem hatten, was nach dem Tod kommt.

Du betest und brauchst Ruhe. Ruhe dich eine Runde aus.

um 1500

Menschen hatten Angst vor Gott. Sie dachten: Er ist ein böser Richter, der uns alles heimzahlt, was wir angestellt haben.

um 1500

Menschen hatten Angst vor dem Fegefeuer. Sie glaubten, dass sie für ihre Sünden eine bestimmte Zeit gequält würden. Deshalb suchten sie nach Wegen, Buße zu tun.

1483

Geburtshaus Luthers, Eisleben

Hier wurde Martin Luther am 10. November 1483 geboren und am nächsten Tag, dem Martinstag, getauft.

Deine Angst vor Gott wirft dich drei Felder zurück.

Um Buße zu tun, brauchst du etwas Zeit. Setze eine Runde aus.

Zur Tauffeier bleibst du eine Runde in Eisleben und setzt aus.

1484

Hans Luther zog mit seiner Familie nach Mansfeld, wo er eine Kupferhütte pachtete. Margarete Luther erzog die Kinder streng.

um 1490

Wer in der Schule etwas Falsches sagt oder etwas nicht auf Latein wusste, musste einen Eselkopf tragen.

um 1494

Lutherhaus, Eisenach

Während der Schulzeit in Eisenach wohnte Luther bei der Familie Cotta.

**Du warst frech.
Zieh dir selbst die Ohren lang.**

Falte aus Papier einen Hut und setze ihn erst nach drei Runden wieder ab.

Es geht Luther gut. Rücke zum nächsten Ereignisfeld vor.

1501  In Erfurt begann Martin Luther nach der Schule im Jahr 1501 zu studieren. Er freute sich, aber ein Studium kostete viel Geld.	**1505**  In solchen Hörsälen studierte Luther, bis er den Titel „Magister“ (Lehrer) führen durfte. Dann sollte er Jura (Recht) studieren, um Richter oder Ratsherr zu werden.	**1505**  Während eines Gewitters in der Nähe von Stotternheim legte Martin ein Gelübde ab. Wenn er das Gewitter heil überstand, wollte er Mönch werden.
Aus Freude darfst du noch einmal würfeln.	**Du hast den ersten Teil deines Studiums hinter dir. Rücke bis zum nächsten Ereignisfeld vor.**	**Setze zum Nachdenken einmal aus.**
1505  Mit 22 Jahren trat Martin Luther ins Kloster der Augustiner in Erfurt ein und wurde ein Mönch. Sein Leben änderte sich radikal, aber er fand keinen Frieden mit sich und mit Gott.	**1511**  Martin Luther sollte für seinen Mönchsorden nach Rom pilgern. Dort begegnet er dem Ablasshandel und der Macht der römischen Kirche. Er war tief enttäuscht.	**1512** 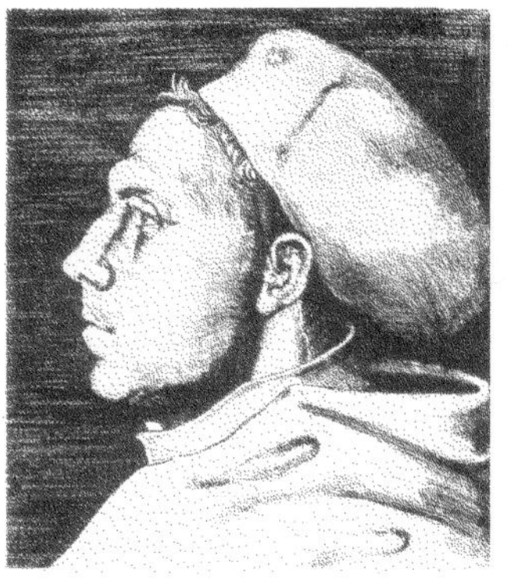 Luther wurde Professor für Theologie an der Universität in Wittenberg.
Mache ein unzufriedenes Gesicht.	**Die Pilgerfahrt dauert lange. Gehe einmal im Raum herum.**	**Als Professor darfst du nun einen klugen Satz sagen.**

ab 1513  Luther suchte nächtelang danach, wie er Gott zufrieden stellen könnte. Er suchte auch in der Bibel. Dort fand er, dass Gott uns Menschen nicht straft, sondern liebt.	**ab 1513**  Besondere Geschichten wie die vom verlorenen Sohn fand Luther als Beleg für seine Entdeckung. Er erzählt seinen Gottesdienstbesuchern und Studenten davon.	**um 1517**  Der Handel mit Ablassbriefen, die dem Besitzer Freiheit vor Strafen für Sünden im Fegefeuer versprachen, erregte den Zorn Luthers.
Die Entdeckung macht dich froh. Mache ein zufriedenes Gesicht.	**Aus Freude darfst du noch einmal werfen.**	**Mache ein zorniges Gesicht.**
1517  Am 31.10.1517 soll Luther seine 95 Thesen (Streitsätze) gegen den Ablass an die Tür der Schlosskirche in Wittenberg gehängt haben.	**1520**  Luther sollte seine Lehre widerrufen. Er weigerte sich. Der Papst schloss ihn aus der Kirche aus. Luther verbrannte das Schreiben des Papstes.	**1520**  In Luthers Buch „Von der Freiheit eines Christenmenschen“ forderte er Freiheit des Gewissens und des Glaubens.
Weil das besonders mutig war, darfst du zwei Ereignisfelder vorrücken.	**Was nun kommt, ist ungewiss. Denke nach und setze eine Runde aus.**	**Behalte die Karte und löse sie ein, wenn du etwas tun sollst, was gegen deinen Willen ist.**

1520–1521  Franz von Sickingen, ein Ritter aus Landstuhl in der Pfalz, wollte Luther mit seinen Soldaten schützen.	**1521**  Viele Menschen stimmten Luther zu. Er musste nach Worms zum Reichstag. Dort soll er gesagt haben: „Hier stehe ich, ich kann nicht anders, Gott helfe mir. Amen."	**1521**  *Wartburg, Eisenach* Luther wurde auf dem Rückweg von Worms zum Schein überfallen und auf die Wartburg gebracht.
Du versteckst dich im Lager des Franz von Sickingen und bleibst dort eine Runde.	**Stelle dich auf den Stuhl und mache eine Geste, die zu dem Satz Luthers passt.**	**Verstecke dich zwei Runden unter dem Tisch.**
1521–1522  Mit langem Haar und Bart lebte Luther als Junker Jörg auf der Burg.	**1522**  Luther nutzte die Zeit auf der Wartburg, um das Neue Testament in die deutsche Sprache zu übersetzen.	**1523**  In seinem Schreiben „An den christlichen Adel" forderte Luther auf, Geld für Schulen bereitzustellen.
Suche dir einen Decknamen aus.	**Die Übersetzung kostet Zeit. Setze eine Runde aus.**	**Endlich darfst du zur Schule gehen. Stehe auf und springe in die Luft.**

1524–1525

Die Not leidenden Bauern forderten in zwölf Artikeln alte Rechte und neue Freiheiten. Es ereignet sich aber nichts. Da standen sie gegen die Fürsten auf und überfielen Burgen und Klöster.

Weil dies so ist, haue einmal auf den Tisch.

1525

Thomas Müntzer war Pfarrer und Verbündeter der Bauern. Er führte 1525 ein Bauernheer gegen Klöster und Burgen. Am Ende wurde er enthauptet

Du führst den Aufstand und kannst nicht mitspielen. Setze zwei Runden aus.

1525

Am Ende des Bauernkrieges siegten überall die Heere der Fürsten. Die Bauern hatten verloren.

Das Ende ist da. Du musst von vorne anfangen.

1525

Mit 42 Jahren heiratete Luther die ehemalige Nonne Katharina von Bora. Sie hatten sechs Kinder.

Zähle zum nächsten Wurf sechs Augen dazu.

1529

Auf dem Reichstag in Speyer protestierten evangelische Fürsten und Städte gegen die Unterdrückung der Reformation. Seither nennt man die Evangelischen auch Protestanten.

Weil die Protestanten den Mut hatten, für ihren Glauben einzutreten, darfst du zwei Ereignisfelder vorrücken.

1526

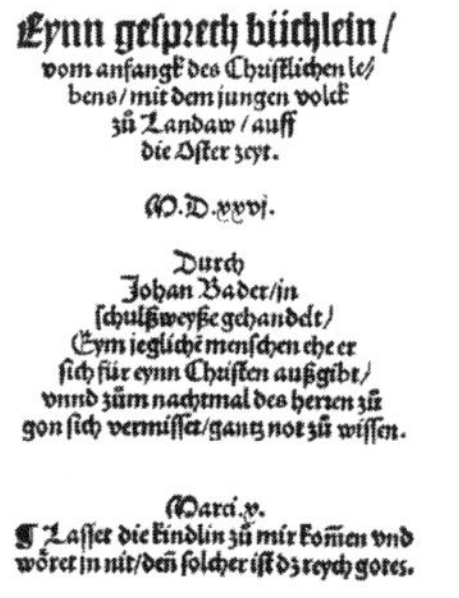

Eynn gesprech büchlein/
vom anfangk des Christlichen le/
bens/ mit dem jungen volck
zů Landaw / auff
die Oster zeyt.

M.D.xxvj.

Durch
Johan Bader/in
schulßweyße gehandelt/
Eym yeglichē menschen ehe er
sich für eynn Christen außgibt/
vnnd zům nachtmal des herren zů
gon sich vermisset/ gantz not zů wissen.

Marci.x.
Lasset die kindlin zů mir komen vnd
wöret jn nit/ deñ solcher ist dz reych gotes.

Damit jeder den Glauben auch verstand, wurden Lehrbücher (Katechismen) geschrieben. Das erste war das „Gesprächbüchlein für die Jugend“ in Landau/Pfalz von Johannes Bader (1526).

Katechismus heißt auch auswendig lernen. Wiederhole einen Satz, den dein Nachbar dir sagt.

1530

In Augsburg legten die Anhänger der Reformation ein „Bekenntnis“ vor. Darin zeigten sie, woran sie glaubten und wovon sie sich abgrenzten.

1555

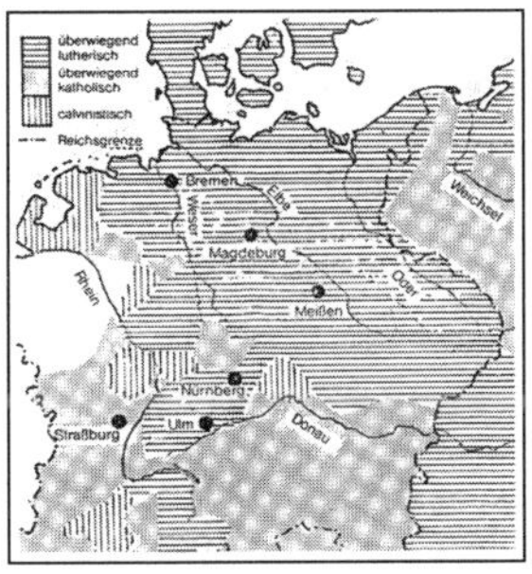

Der Augsburger Religionsfriede brachte die Teilung Deutschlands in katholische und protestantische Gebiete. Die Regel: „Cuius regio – eius religio“ – wer regiert, dessen Religion gilt.

Ab 1555

Wer in einem Gebiet wohnte, wo ein anderer Glaube den Vorrang hatte, musste den Glauben wechseln oder auswandern.

Das „Bekenntnis“ hat viel Kraft gekostet. Ruhe dich jetzt eine Runde aus.

Der Entschluss war ein Rückschritt für die persönliche Gewissensfreiheit der Menschen. Gehe fünf Schritte zurück.

Du musst ganz von vorne anfangen. Gehe zurück zum Start.

Heute

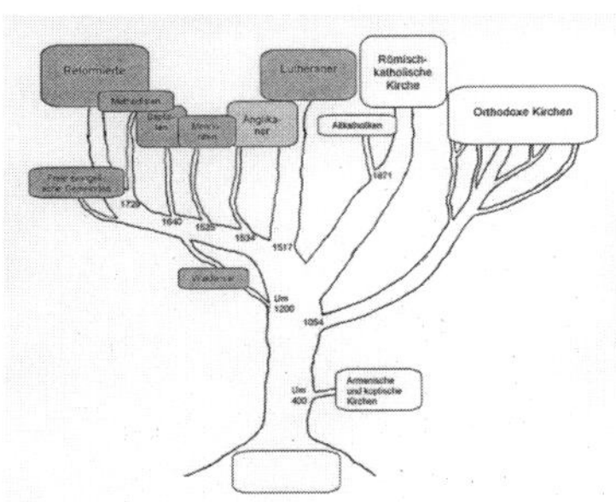

Heute zeigt sich, dass viele Glaubensrichtungen durch die Reformation entstanden sind. Besonders in Amerika wuchs die Vielfalt der Kirchen. Sie alle nennen sich „Protestanten“.

Heute

Die Reformation ist nie zu Ende. Es gibt immer etwas, wo das eigene Gewissen und die Bibel einem sagen: So nicht!

Heute

An die Reformation erinnert man sich jedes Jahr am Reformationstag (31. Oktober) mit Gottesdiensten und Feiern.

Protestanten gibt es überall auf der Welt. Gehe drei Felder vor.

Das Eintreten gegen etwas bringt nicht immer Freunde. Setze eine Runde aus.

Du hast den Reformationstag verpasst und stattdessen Halloween gefeiert. Setze eine Runde aus.

Heute  Die Reformation hat gezeigt, dass man mit Ängsten umgehen kann.	**Heute**  Nach der Reformation dachten viele Menschen anders über Gott. Sie hatten keine unnötige Furcht mehr vor ihm. Das war ein echter Fortschritt.	**Heute**  Heute versuchen viele Christen, miteinander im Zeichen der Ökumene zu leben. Welche gemeinsamen Projekte kann man über die Glaubensrichtungen hinweg machen?
Dies bringt dich zum nächsten Ereignisfeld.	**Dies bringt dich zum nächsten Ereignisfeld.**	**Gehe zum nächsten Ereignisfeld.**
Heute 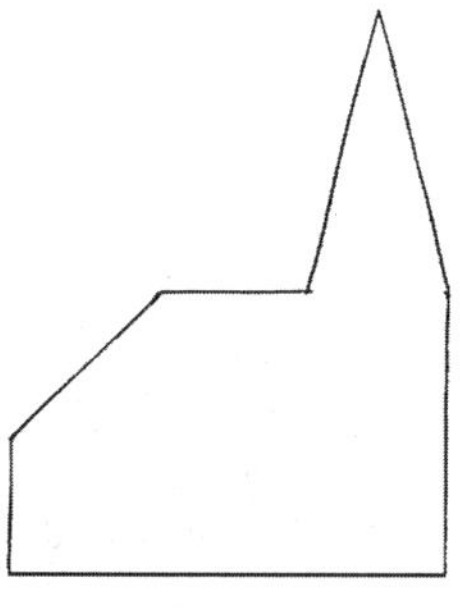 Kirche heißt bei den Protestanten, dass man auch immer selbst mitbestimmen kann.	**Heute**  Wer Kirchen besucht, kann Unterschiede und Gemeinsamkeiten zwischen Katholiken und Protestanten entdecken.	**Heute**  Protestanten wie Dorothee Sölle sagen es laut, wenn etwas nicht richtig läuft.
Du kannst drei Felder vorrücken.	**Jeder in der Runde soll Dinge nennen, die bei beiden gemeinsam sind.**	**Wenn dir etwas nicht passt, dann kannst du es nun laut sagen.**

Lesetext zu Luthers Leben

Es ist November 1483. In Eisleben erwarten der Bergmann Hans Luther und seine Frau Margarete ein Kind. Am 10. November wird ein Junge geboren. Am nächsten Tag, dem Martinstag, wird er, wie damals üblich, getauft. Er bekommt den Namen des Heiligen, dem dieser Tag geweiht ist: Martin. Fünf Jahre später setzt der Vater seine Pläne in die Tat um. Er wird Teilhaber an einer Kupferhütte in Mansfeld, nicht weit von Eisleben.

Sein Sohn Martin, der ihm besonders klug erscheint, soll in Mansfeld in die Schule gehen, damit er – im Unterschied zu seinen Eltern – lesen und schreiben lernt. Die Schule ist für die Schüler hart. Die Lehrer sind, wie die Eltern, sehr streng. In der Schule darf nur die Sprache der Gelehrten gesprochen werden. Wer erwischt wird, dass er etwas Falsches sagt oder etwas anderes als Latein spricht, muss einen Eselskopf tragen.

1501 wird Martin ein Student. In Erfurt beginnt er zu studieren. Vater Hans hofft, dass Martin bald ein Rechtsgelehrter wird. Vielleicht wird er Bürgermeister oder sogar Ratgeber des Fürsten? Doch es kommt alles ganz anders.

Jeden Tag geht Martin an einem Bild vorbei, das Jesus Christus als den Richter der Menschen zeigt. Er hat Angst, dass er für das, was er Böses getan hat, nach dem Tod im Fegefeuer oder in der Hölle bestraft wird.

In einem Gewitter bei dem Dorf Stotternheim verspricht Martin ins Kloster zu gehen, wenn er mit dem Leben davonkommt. Mit 22 Jahren tritt Martin ins Kloster der Augustiner in Erfurt ein und wird ein Mönch.

Auch im Kloster erkennt man schnell seine Klugheit. Martin studiert Theologie. Er wird Priester und Professor für Theologie an der Universität in Wittenberg, der Hauptstadt des Fürstentums Sachsen. Immer noch bewegt ihn seine Frage: „Was kann ich tun, damit Gott mich nicht in die Hölle schickt?“

In der Nachbarstadt hat ein Mönch namens Tetzel ein gutes Rezept für die Menschen. Wenn man einen Brief des Papstes kauft, dann erlässt einem Gott alle Sünden (= Ablass). Der Handel mit Ablassbriefen, die dem Besitzer Freiheit vor Strafen für Sünden im Fegefeuer versprechen, erregt den Zorn Luthers.

Eines Tages macht er eine große Entdeckung. Er versteht einen Satz in der Bibel ganz neu. Wenn Gott über die Menschen zu Gericht sitzt, dann wird er nicht sagen, dass die Menschen für ihre Sünden in die Hölle oder in das Fegefeuer müssen. Er wird sagen, dass Jesus Christus für die Sünden der Menschen am Kreuz gestorben ist. Wer seine Sünden bereut, der darf fest glauben, dass Gott ihm vergibt.

Diese Entdeckung schreibt Martin Luther auf ein Plakat. Dieses Plakat mit 95 Thesen (Sätzen) gegen den Ablass soll er am 31. Oktober 1517 an die Tür der Schlosskirche in Wittenberg geheftet haben. Er fordert die Professoren und Studenten auf, mit ihm darüber zu reden.

Die Menschen finden die Aussagen Luthers gut. Einer bringt sie einem Drucker. Der stellt eine große Zahl von Zetteln her. Sie werden überall in Deutschland gekauft und gelesen. Viele Leute stimmen Luther zu.
Aber die Bischöfe und der Papst sind dagegen. Sie fordern Luther auf, seine Sätze zu widerrufen. Als Luther sich weigert, schließt der Papst ihn aus der Kirche aus.

Der Kaiser will sich dem Papst anschließen. Luther muss nach Worms auf den Reichstag. Dort soll er gesagt haben:

> **„Ich bin ein Gefangener dessen, was ich im Wort Gottes, in der Bibel, gelesen habe. Ich kann nicht widerrufen. Hier stehe ich, ich kann nicht anders, Gott helfe mir."**

Der Kaiser schließt sich dem Papst an. Er verhängt die Reichsacht über Luther. Jetzt ist er in Lebensgefahr. Jeder kann ihn töten, ohne dafür bestraft zu werden. Doch er hat auch Freunde. Auf dem Rückweg wird Luther zum Schein überfallen und auf die Wartburg gebracht. Mit Bart und langem Haar lebt er dort unter dem Namen Junker Jörg.

Er nützt die Zeit der Gefangenschaft, um das Neue Testament in die deutsche Sprache zu übersetzen.

Nur die Gelehrten konnten bis jetzt die Bibel lesen. Doch er will, dass alle Menschen lesen können, dass Gott gnädig Gott ist, an dessen Liebe zu den Menschen jeder glauben darf.

Dazu waren zwei Dinge nötig:

1. Die Bibel musste in die Muttersprache der Menschen übersetzt werden.
2. Alle Menschen mussten lesen und schreiben lernen.

Deshalb forderte Luther in einem Schreiben „An den christlichen Adel" von allen Regierenden, dass sie für alle Kinder Schulen einrichten sollen.

Luther verlässt schon bald nach seiner Entdeckung das Kloster. Er ist sich sicher, dass Gott nicht von den Menschen verlangt, dass sie arm und ohne Familie leben sollen. Jeder soll seinen Beruf ordentlich ausüben und ein guter Vater oder eine gute Mutter sein, dann tue man gute Werke. Mit 42 Jahren heiratet auch Martin Luther. Die ehemalige Nonne Katharina von Bora wird seine Frau. Sie haben sechs Kinder miteinander.

Die Zeiten für die Bauern sind schlecht. Die Fürsten und Bischöfe, die im Land regieren, verlangen immer mehr Steuern von den Bauern. Sie lassen die Felder der Bauern nicht in Ruhe, wenn sie mit ihren Pferden das Wild hetzen. Die Not leidenden Bauern fordern in zwölf Artikeln alte Rechte und neue Freiheiten. Luther stimmt den Bauern zunächst zu. Als die Fürsten und Bischöfe sich weigern, bewaffnen sich die Bauern. Der Bauernkrieg beginnt. Luther wechselt die Seite. Er hält nun zu den Fürsten, weil er keinen Aufstand will. Am Ende siegen überall die Heere der Fürsten. Die Bauern haben verloren. Ihre Anführer werden hingerichtet.

Luther arbeitet danach an der Ordnung für eine neue Kirche – die evangelische Kirche. Er schreibt einen Katechismus (Lehrbuch), einen großen für die Pfarrer und Lehrer, einen kleinen für die Schüler. Daneben arbeitet er weiter an der Übersetzung der Bibel. 1534 hat Luther die ganze Bibel übersetzt und zugleich die deutsche Sprache erfunden. Mit dem Deutsch der Bibel Martin Luthers kann man sich in ganz Deutschland verständigen.

Luther lebt noch 12 Jahre. Auf einer Reise stirbt er in Eisleben, seinem Geburtsort. Seine letzten Worte: **„Wir sind Bettler, das ist wahr."**

Luther – Lebensbilder

Geburtshaus Luthers, Eisleben

Hier wurde Martin am 10. November 1483 geboren und am nächsten Tag getauft.

In der Schule in Mansfeld durfte man nur Latein sprechen. Wer dies nicht tat und erwischt wurde, musste einen Eselkopf tragen.

In Erfurt begann Martin nach der Schule im Jahr 1501 zu studieren.

Mit 22 Jahren trat Martin Luther ins Kloster der Augustiner in Erfurt ein und wurde ein Mönch.

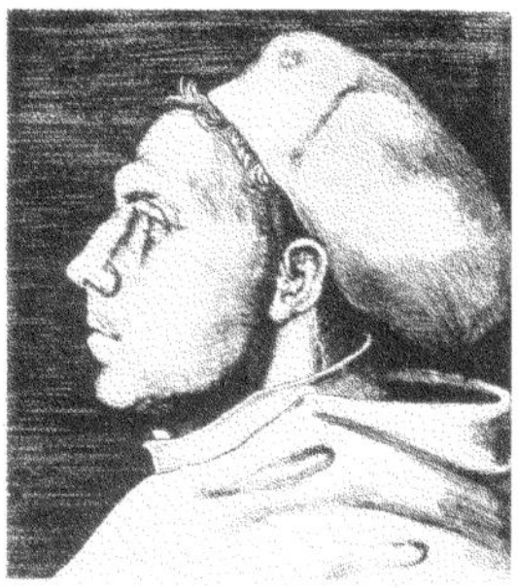

Luther wird Professor für Theologie an der Universität in Wittenberg.

Der Handel mit Ablassbriefen, die dem Besitzer Freiheit von Strafen für Sünden im Fegefeuer versprechen, erregt Luthers Zorn.

Schloßkirche, Wittenberg

Am 31.10.1517 heftet Luther ein Plakat mit 95 Thesen (Sätzen) gegen den Ablass an die Tür der Schlosskirche.

Viele Menschen stimmen Luther zu. Er muss nach Worms auf den Reichstag. Er sagt: Hier stehe ich, ich kann nicht anders, Gott helfe mir!

Wartburg, Eisenach

Luther wird auf dem Rückweg von Worms zum Schein überfallen und auf die Wartburg gebracht.

Er nützt die Zeit auf der Wartburg, um das Neue Testament in die deutsche Sprache zu übersetzen.

Mit 42 Jahren heiratete Luther die Nonne Katharina von Bora. Sie hatten sechs Kinder.

Die Not leidenden Bauern fordern in 12 Artikeln alte Rechte und neue Freiheiten.

Als die Fürsten und Bischöfe sich weigern, bewaffnen sich die Bauern. Der Bauernkrieg beginnt.

Am Ende siegen überall die Heere der Fürsten. Die Anführer der Bauern werden enthauptet. Die Bauern haben verloren.

1534 hat Luther die ganze Heilige Schrift übersetzt und zugleich die deutsche Sprache erfunden.

Sterbehaus Luthers, Eisleben

Hier starb der Reformator am 18.2.1546. Seine letzten Worte: „Wir sind Bettler, das ist wahr."

Abbildungs- und Quellenverzeichnis

Titelseite: Lutherstatue in der Vorhalle der Gedächtniskiche der Protestation, Speyer

4	© Günther, Christian/Rust, Christian
7	© Günther, Christian/Rust, Christian
13	Bild: Gedächtniskirchenlogo des Vereins für Pfälzische Kirchengeschichte, mit freundlicher Genehmigung des Schriftleiters
14	Bild nach Michelangelo Buonarotti, Die Erschaffung Adams, Sixtinische Kapelle, Rom
17	Kinoplakat Luther. www.luther-der-film.de, NFP – media rights GmbH & Co. KG
24	Kinderbild aus: Wuckelt, Agnes, u.a.; Wohin mit meiner Angst, Kösel, München 1992 (S. 30)
28	© Günther, Christian/Rust, Christian
29–34	Abbildungen aus: Mayer, Karl Anton: Geschichte in Bildern, Band I und II, Stuttgart/ Ravensburg, o.J. (um 1900). S. 33: Holzschnitt „Die vier apokalyptischen Reiter“ von Albrecht Dürer 1497
35	Holzschnitt aus: Hartmann Schedel, Das Buch der Chroniken, (1493)
36	Bild: „Die Hölle“ aus dem Hortus Deliciarum, 12. Jahrh. Schulmuseum Saarland (www.schulmuseum-ottweiler.net)
37	Mit freundlicher Genehmigung des SWR (www.wissen.swr.de): Hans Memling, Das Jüngste Gericht, Tryptichon 1467–71, Muzeum Narodowe, Gdansk/Danzig
38	Bild der Eltern Luthers, nach einem Gemälde von Lukas Cranach d.Ä. (1527) aus: Preuß, Hans: Unser Luther, Leipzig 1917
40	Holzschnitt von Lukas Cranach d.Ä. (1509)
41	Holzschnitt aus Mayer, Karl Anton: Geschichte in Bildern, Band I und II, Stuttgart/ Ravensburg, o.J. (um 1900)
44	Holzschnitte aus dem „Passional Christi und Antichristi“, Lukas Cranach 1521, aus: G. Neumüller, Leitmedien 7–10, Speyer 2003
45, 47	Bild „Der verlorene Sohn“ von Paula Jordan, mit freundlicher Genehmigung des Johannis-Verlages, Lahr
49	Bild aus: Marggraf, Eckhart, u.a.: Unterrichtsideen Religion 8, 2. Halbband, Calwer Verlag Stuttgart 2000, mit freundlicher Genehmigung des Calwer-Verlags
50	EG-Notensatz aus: EG elektronisch, Evangelische Kirche in Deutschland
52	Holzschnitt von Jörg Breu d.Ä., um 1530, aus: Leitmedien 7–10 (s.o.)
53	Abbildungen aus Mayer, Karl Anton: Geschichte in Bildern, Band II, Stuttgart/ Ravensburg, o.J. (um 1900)
54	Bild aus König, Gustav: 28 Bilder aus Luthers Leben, Zwickau o.J. (um 1900)
55	Bild aus Bildatlas zur Deutschen Geschichte, Bielefeld und Leipzig 1895
56	Bilder aus Preuß, Hans: Unser Luther, Leipzig 1917
57 f.	Holzschnitte aus Leitmedien 7–10 (s.o)
59	Bild aus Bildatlas zur Deutschen Geschichte, Bielefeld und Leipzig 1895
61	Abbildungen aus Mayer, Karl Anton: Geschichte in Bildern, Band II, Stuttgart/ Ravensburg, o.J. (um 1900). „Junker Jörg“: Holzschnitt von Lukas Cranach d.Ä. (1522), „Luther als Evangelist“: Holzschnitt aus dem Neuen Testament Luthers um 1530
62	Bild aus König, Gustav: 28 Bilder aus Luthers Leben, Zwickau o.J. (um 1900)
63–68	Abbildungen aus: Preuß, Hans: Unser Luther, Leipzig 1917. S. 61: Holzschnitt von E. Schön, um 1530; S. 63: Thomas Müntzer: Holzschnitt nach einem Stich von Christoph von Sichem (um 1600); S. 65: Philipp Melanchthon, Kupferstich von Albrecht Dürer.

69 f.	Bild Franz von Sickingen: Kupferstich von Daniel Hopfer (um 1470–1536) Bild Ebernburg: Holzschnitt von Jost de Negker (um 1485–1544)
74	Schulszene: Holzschnitt aus dem 15. Jahrhundert
75	Katharina von Bora, Gemälde von Lukas Cranach d. Ä. (1528) Gemälde „Luthers Käthe“ von G. Spangenberg, aus: „Luthers Käthe“
76	Bild „Papstesel“: Holzschnitt aus dem Umkreis der Cranach-Werkstatt um 1523 Bild „Luther und Luzifer eintrechtige Vereinigung“, Holzschnitt aus der gleichnamigen Streitschrift um 1535
77	EG-Notensatz aus: EG elektronisch, Evangelische Kirche in Deutschland
78	Abbildungen aus Mayer, Karl Anton: Geschichte in Bildern, Band II, Stuttgart/Ravensburg, o. J. (um 1900)
79	Bilder aus W. Seeling; Protestation, Speyer 1979
86	Grafik von G. Vidal, in: RPH 2004/1
87	© Günther, Christian/Rust, Christian
89	© Günther, Christian/Rust, Christian
90	Bild aus „Der Spiegel“, Nr. 51/52 2003, Titelseite, mit freundlicher Genehmigung
94	© Günther, Christian/Rust, Christian
102	Foto Dietrich Bonhoeffer: dpa (ebenso S. 99)
103	Foto Martin Luther King: epd-Bild (ebenso S. 99)
104	Foto Dorothee Sölle: van Schie (ebenso S. 99)
104	Text (fiktives Interview) von Gerhard Vidal, in: RPH 2004/1 „Wir sind protestantisch“, erarbeitet von Rita Kurtzweil, Michael Landgraf, Gerhard Vidal, S. 14 (das Interview ist fingiert, kommt aber den Gedanken Dorothee Sölles nahe. Die fett gedruckten Passagen sind Originalzitate)
108	© Günther, Christian/Rust, Christian

Einige der oben nachgewiesenen Abbildungen sind auf den Seiten 111–120 nochmals abgedruckt.

Sämtliche über die nachgewiesenen Quellen hinaus enthaltenen Texte, Grafiken etc.:
© Michael Landgraf

Trotz intensiver Recherchen können für einige Teile des Werks Urheberrechte Dritter unberücksichtigt geblieben sein. Wir bitten in diesem Fall um Benachrichtigung des Verlags.

**ReliBausteine 1 –
Religion, „Sekte“, oder …?**

hilft zur Klärung der Gretchenfrage „Wie hast du's mit der Religion?“. Die religiöse Suche, Kurzinformationen sowohl zu aktuellen Trends und Angeboten als auch zu Sondergruppen und problematischen Einzelphänomenen werden dabei für einen offenen Unterricht aufbereitet. Kriterien für die Einordnung als Sondergruppe, als „Sekte“ werden hierbei diskutiert. Schließlich werden Möglichkeiten der Lebensorientierung im Gegenüber zu diesen Angeboten gesucht. Die zweite Auflage der erfolgreichen ReliBausteine 1 ist stark erweitert und aktualisiert.

Michael Landgraf
**ReliBausteine 1 –
Religion, „Sekte“, oder …?**
128 Seiten

Calwer Verlag, Stuttgart
ISBN 978-3-7668-3920-6

Evangelischer Presseverlag
Pfalz GmbH, Speyer
ISBN 978-3-939512-02-8

RPE – Religion – Pädagogik –
Ethik, Stutgart
ISBN 978-3-938356-10-4

ReliBausteine 3 – Bibel

bietet eine differenzierte Einführung in das Buch der Bücher. Dabei wird sowohl einfaches Grundhandwerkszeug vermittelt als auch in die Inhalte, Themen, Geschichten und die Geschichte der Bibel eingeführt. Schließlich werden Impulse gegeben, wie man mit der Bibel kreativ umgehen kann.

Michael Landgraf
ReliBausteine 3 – Bibel
176 Seiten

Calwer Verlag, Stuttgart
ISBN 978-3-7668-3922-0

Evangelischer Presseverlag
Pfalz GmbH, Speyer
ISBN 978-3-939512-00-4

RPE – Religion – Pädagogik –
Ethik, Stuttgart
ISBN 978-3-938356-12-8

ReliBausteine 4 – Judentum

Die aufwändig ausgestatteten ReliBausteine ermöglichen eine Begegnung mit dem Judentum. Jüdisches Leben und Riten in der Gegenwart, die Geschichte des jüdischen Volkes und jüdische Biografien können so leicht erschlossen werden. Aktuelle Fragestellungen, bei denen auch jüdische Stimmen zu Wort kommen, schaffen Orientierung und regen zur Diskussion an. Spielideen und Vorschläge für einen offenen Unterricht runden das Konzept ab.

Michael Landgraf
Stefan Meißner –
ReliBausteine 4 Judentum
176 Seiten

Calwer Verlag, Stuttgart
ISBN 978-3-7668-3943-5

Evangelischer Presseverlag
Pfalz GmbH, Speyer
ISBN 978-3-939512-01-1

RPE – Religion – Pädagogik –
Ethik, Stuttgart
ISBN 978-3-938356-15-9